HAR

Turkish phrasebook

Sultan Erdoğan

Richard Smith

McGraw-Hill

New York Chicago San Francisco Lisbon London Madrid Mexico City
Milan New Delhi San Juan Seoul Singapore Sydney Toronto

The **McGraw·Hill** Companies

ISBN 0-07-148251-2

Editor & Project Manager
Anna Stevenson

Publishing Manager
Patrick White

Prepress
Isla MacLean

CONTENTS

INTRODUCTION

This brand new English-Turkish phrasebook from Harrap is ideal for anyone wishing to try out their foreign language skills while travelling abroad. The information is practical and clearly presented, helping you to overcome the language barrier and mix with the locals.

Each section features a list of useful words and a selection of common phrases: some of these you will read or hear, while others will help you to express yourself. The simple phonetic transcription system, specifically designed for English speakers, ensures that you will always make yourself understood.

The book also includes a mini bilingual dictionary of around 4,500 words, so that more adventurous users can build on the basic structures and engage in more complex conversations.

Concise information on local culture and customs is provided, along with practical tips to save you time. After all, you're on holiday – time to relax and enjoy yourself! There is also a food and drink glossary to help you make sense of menus, and ensure that you don't miss out on any of the national or regional specialities.

Remember that any effort you make will be appreciated. So don't be shy – have a go!

PRONUNCIATION

Next to every Turkish phrase in this book the pronunciation is shown in italics. By reading this aloud you should have no trouble communicating with Turkish speakers.

When you do want to read Turkish words or phrases directly, bear in mind the following:

Ğ/ğ   The "silent g" (**yumuşak g**) slightly lengthens the preceding vowel and forms a liaison with a following vowel. Because it isn't pronounced, we have transcribed it with a hyphen (-)
aradığımı *aradeuh-eumeuh*

I/ı   This sound is like the "e" in "the" or "father", but is pronounced further back in the throat and with a slight smile. It is transcribed as *euh* or *eu*. Note that this letter should not be confused with **İ/i** (pronounced "ee"), which has a dot.
sıfır *seufeur*

Ö/ö   This letter has a similar pronunciation to **I/ı**, so we have also transcribed this sound as *euh* or *eu*. However, **Ö/ö** is a slightly longer sound than **I/ı** (being more similar to the vowel in "bird" than that in "the"), and the lips are rounded and pushed slightly forward, as in the German word "schön". This letter should not be confused with **O/o** (prounounced "oh").
önceden *eunjeden*

C/c   This is pronounced "j", as in "jam" and is not to be confused with **Ç/ç**, pronounced *tch*, as in "match".
cami *jami*

J/j   This is pronounced like the "j" in the French word "je" (the same sound as the "s" in the English word "measure"). We have transcribed this sound as *zh*.
bagaj *bagazh*

Ü/ü   This sound is pronounced as in the French "tu" or the German "über" (you can make the sound by pursing your lips and attempting to say "ee"). We have transcribed this sound as *uu*. Note that this sound should not be confused with **U/u** (pronounced "oo").
bütün *buutuun*
uçak *ootchak*

When you come across a **double consonant** (such as "kk", "ll", "nn", "ss", and so on) you should lengthen the time you take to pronounce the consonant. To help you remember to do so, we have used a long dash (–) in the transcription.

elli *el–li*

Alphabet

	Pronunciation	Transcription		Pronunciation	Transcription
A a	*ah*	*ah/a*	**M m**	*mey*	*m*
B b	*bey*	*b*	**N n**	*ney*	*n*
C c	*jey*	*j*	**O o**	*oh*	*oh/o*
Ç ç	*tchey*	*tch*	**Ö ö**	*euh* (longer	
D d	*dey*	*d*		than ı)	*euh/eu*
E e	*ey*	*ey/e/ai*	**P p**	*pey*	*p*
F f	*fey*	*f*	**R r**	*rey* (slightly	
G g	*gey*	*g*		rolled)	*r*
Ğ ğ	*yoomoo-*		**S s**	*sey*	*s*
	shak gey	*–*	**Ş ş**	*shey*	*sh*
H h	*hey*	*h*	**T t**	*tey*	*t*
I ı	*euh*	*euh/eu*	**U u**	*oo*	*oo*
İ i	*ee*	*ee/i*	**Ü ü**	*uu*	*uu*
J j	*zhey*	*zh*	**V v**	*vey*	*v*
K k	*key*	*k*	**Y y**	*yey*	*y*
L l	*ley*	*l*	**Z z**	*zey*	*z*

ABBREVIATIONS USED IN THIS BOOK

adj	adjective
adv	adverb
n	noun
prep	preposition
v	verb

EVERYDAY CONVERSATION

Even if you do not know the person you are talking to very well, you can address them by their first name, but followed by either *Hanım* for a woman or *Bey* for a man (for example *Fatma Hanım* or *Ali Bey*).

When you are first introduced to someone, if you are not sure what to do, keep eye contact, smile and wait to follow the other person's cue. People often shake hands the first time they meet. Kissing and hugging are again for close friends and family only. Your close friend's mother might wish to give you a big hug or thrust her hand towards you to be kissed and taken to your forehead as a sign of respect. Just go with the flow.

The basics

bye	hoşçakal *hoshtchakal*
excuse me	affedersiniz *af–fedairsiniz*
good afternoon	iyi günler *iyi guunler*
goodbye	hoşçakal *hoshtchakal*
good evening	iyi akşamlar *iyi akshamlar*
good morning	günaydın *guunaydeun*
goodnight	iyi geceler *iyi gejelair*
hello	merhaba *merhaba*
hi	selam *selam*
no	hayır *hayeur*
OK	tamam *tamam*
pardon?	pardon? *pardon?*
please	lütfen *luutfen*
thanks, thank you	teşekkürler *teshek–kuurlair*, teşekkür ederim *teshek–kuur ederim*
yes	evet *evet*

I'd like ...
... istiyorum
... istiyoroom

we'd like ...
... istiyoruz
... istiyorooz

do you want ...?
... istiyor musun?
... istiyor moosoon?

do you have ...?
... var mı?
... var meuh?

is there a ...?
bir ... var mı?
bir ... var meuh?

are there any ...?
hiç ... var mı?
hitch ... var meuh?

how ...?
nasıl ...?
naseul ...?

why ...?
neden ...?
neden ...?

when ...?
ne zaman ...?
ne zaman ...?

what ...?
ne ...?
ne ...?

where is ...?
... nerede?
... neredey?

where are ...?
... neredeler?
... neredelair?

how much is it?
kaç para?
katch para?

what is it?
o nedir?
o nedir?

do you speak English?
İngilizce konuşuyor musunuz?
ingilizjey konooshooyor moosoonooz?

where are the toilets, please?
tuvaletler nerede, lütfen?
toovaletlair neredey, luutfen?

how are you?
nasılsın?
naseulseun?

fine, thanks
iyiyim, teşekkürler
iyiyim, teshek–kuurlair

thanks very much
çok teşekkürler
tchok teshek–kuurlair

no, thanks
hayır, teşekkürler
hayeur, teshek–kuurlair

yes, please
evet, lütfen
evet, luutfen

you're welcome
birşey değil
birshey de-il

see you later görüşürüz *geuruushuuruuz*	**I'm sorry** özür dilerim *euzuur dilerim*

Understanding

açık	open
boş	free
bozuk	out of order
çıkış	exit
dikkat	attention
giriş	entrance
hizmet dışı	out of order
park yasak/park yapılmaz	no parking
rezervasyonlu	reserved
sigara içilmez	no smoking
tuvaletler	toilets
... var	there's/there are ...

hoş geldiniz welcome	**... mahsuru var mı?** do you mind if ...?
bir dakika, lütfen one moment, please	**lütfen oturun** please take a seat

PROBLEMS UNDERSTANDING TURKISH

Expressing yourself

pardon? pardon? *pardon?*	**what?** ne? *ney?*

could you repeat that, please?
lütfen tekrarlar mısınız?
luutfen tekrarlar meuseuneuz?

could you speak more slowly?
daha yavaş konuşur musunuz?
daha yavash konooshoor moosoonooz?

I don't understand
anlamıyorum
anlameuyoroom

I understand a little Turkish
biraz Türkçe anlıyorum
biraz tuurktchey anleuyoroom

I can understand Turkish but I can't speak it
Türkçe'yi anlayabiliyorum, ama konuşamıyorum
tuurktcheyi anlayabiliyoroom, ama konooshameuyoroom

I hardly speak any Turkish
çok az Türkçe konuşuyorum
tchok az tuurktchey konooshooyoroom

do you speak English?
İngilizce konuşuyor musun?
ingilizjey konooshooyor moosoon?

how do you say ... in Turkish?
... Türkçe'de nasıl denir?
... tuurktcheydey naseul denir?

how do you spell it?
nasıl heceliyorsunuz?
naseul hejeliyorsoonooz?

what's that called in Turkish?
şu, Türkçe'de nasıl söylenir?
shoo, tuurktchedey naseul seuylenir?

could you write it down for me?
onu benim için yazar mısınız?
onoo benim itchin yazar meuseuneuz?

Understanding

Türkçe anlıyor musunuz?
do you understand Turkish?

... demek
it means ...

onu senin için yazayım
I'll write it down for you

o bir tür ...
it's a kind of ...

SPEAKING ABOUT THE LANGUAGE

Expressing yourself

I learned a few words from my phrasebook
konuşma kılavuzumdan bir kaç kelime öğrendim
konooshma keulavoozoomdan bir katch kelimey euh-rendim

I did it at school but I've forgotten everything
okulda dersini gördüm, ama herşeyi unuttum
okoolda dersini geurduum, ama hairsheyi oonoot–toom

I can just about get by
ucu ucuna başedebiliyorum
oojoo oojoona basheydebiliyoroom

I hardly know two words!
iki kelime ancak biliyorum
iki kelimey ahnjak biliyoroom

I find Turkish a difficult language
Türkçe'yi zor buluyorum
tuurktcheyi zor boolooyoroom

I know the basics but no more than that
temel şeyleri biliyorum, ama hepsi o kadar
temel sheyleri biliyoroom, ama hepsi o kadar

people speak too quickly for me
insanlar bana göre çok hızlı konuşuyorlar
insanlar bana geurey tchok heuzleuh konooshooyorlar

Understanding

aksanınız iyi
you have a good accent

çok iyi Türkçe konuşuyorsunuz
you speak very good Turkish

ASKING THE WAY

Expressing yourself

excuse me, can you tell me where the ... is, please?
affedersiniz, ... nerede söyler misiniz?
af–federsiniz, ... neredey seuylair misiniz?

which way is it to ...?
... ye nereden gidilir?
... ye nereden gidilir?

can you tell me how to get to ...?
bana ... ye nasıl gidilir söyler misiniz?
bana ... ye naseul gidilir seuylair misiniz?

is there a ... near here?
yakında ... var mı?
yakeunda ... var meuh?

could you show me on the map?
haritada gösterir misiniz?
haritada geusterir misiniz?

is there a map of the town somewhere?
biryerlerde şehrin haritası var mı?
biryerlairdey shehrin haritaseuh var meuh?

is it far?
uzak mı?
oozak meuh?

I'm looking for ...
... arıyorum
... areuyoroom

I'm lost
kayboldum
kahyboldoom

Understanding

aşağı git
devam et
dön
dümdüz ileride

go down
keep going
turn
straight ahead

izle	follow
sağ	right
sol	left
yukarı git	go up

yayan mısınız?
are you on foot?

arabayla beş dakika
it's five minutes away by car

soldan birinci/ikinci/üçüncü sokak
it's the first/second/third on the left

kavşaktan sağa dönün
turn right at the roundabout

bankada sola dönün
turn left at the bank

bir sonraki çıkışa gidin
take the next exit

uzak değil
it's not far

hemen köşebaşında
it's just round the corner

When they ask you personal questions, Turkish people are genuinely interested to hear what you have to tell them. You can be comfortable sharing as much or as little information as you like. However, do not feel offended when a Turkish friend of yours states his or her opinion in response to what you say. Turkish people like to state their opinions as much as they like to find out what others think.

The basics

bad	kötü *keutuu*
beautiful	güzel *guuzel*
boring	sıkıcı *seukeujeuh*
cheap	ucuz *oojooz*
expensive	pahalı *pahaleuh*
good	iyi *iyi*
great	harika *harika*
interesting	ilginç *ilgintch*
nice	hoş *hosh*
not bad	fena değil *fena de-il*
well	iyi *iyi*
to hate	nefret etmek *nefret etmek*
to like	hoşlanmak *hoshlanmak*
to love	sevmek *sevmek*

INTRODUCING YOURSELF AND FINDING OUT ABOUT OTHER PEOPLE

Expressing yourself

my name's …
benim adım …
benim adeum …

what's your name?
adınız ne?
adeuneuz ney?

how do you do!
memnun oldum
memnoon oldoom

pleased to meet you!
memnun oldum
memnoon oldoom

this is my husband
bu kocam
boo kojam

this is my partner, Karen
bu partnerim, Karen
boo partnerim, karen

I'm English
ben İngilizim
ben ingilizim

we're Welsh
biz Galliyiz
biz gal-liyiz

I'm from …
… liyim
… liyim

where are you from?
nerelisin?
nerelisin?

how old are you?
kaç yaşındasın?
katch yasheundaseun?

I'm 22
yirmi iki yaşındayım
yirmi iki yasheundayeum

what do you do for a living?
ne iş yapıyorsun?
ney ish yapeuyorsoon?

are you a student?
öğrenci misin?
euh-renji misin?

I work
çalışıyorum
tchaleusheuyoroom

I'm studying law
hukuk okuyorum
hookook okooyoroom

I'm a teacher
öğretmenim
euh-retmenim

I stay at home with the children
evde çocuklara bakıyorum
evdey tchojooklara bakeuyoroom

GETTING TO KNOW PEOPLE

I work part-time
yarım gün çalışıyorum
yareum guun tchaleusheuyoroom

I work in marketing
pazarlama alanında çalışıyorum
pazarlama alaneunda tchaleusheuyoroom

I'm retired
emekliyim
emekliyim

I'm self-employed
kendi işimi yapıyorum
kendi ishimi yapeuyoroom

I have two children
iki çocuğum var
iki tchojoo-oom var

we don't have any children
çocuğumuz yok
tchojoo-oomooz yok

two boys and a girl
iki kız bir oğlan
iki keuz bir o-lan

a boy of five and a girl of two
beş yaşında bir oğlan ve iki yaşında bir kız
besh yasheunda bir o-lan ve iki yasheunda bir keuz

have you ever been to Britain?
Birleşik Kırallık'a hiç gittin mi?
birleshik keural–leuh-ah hitch git–tin mee?

Understanding

İngiliz misiniz?
are you English?

İngiltere'yi iyi bilirim
I know England quite well

burada biz de tatildeyiz
we're on holiday here too

bir gün İskoçya'ya gitmek istiyorum
I'd love to go to Scotland one day

TALKING ABOUT YOUR STAY

Expressing yourself

I'm here on business
iş için buradayım
ish itchin booradayeum

we're on holiday
tatildeyiz
tatildeyiz

I arrived three days ago
üç gün önce geldim
uutch guun eunjey geldim

we've been here for a week
bir haftadır buradayız
bir haftadeur booradayeuz

I'm only here for the weekend
sadece hafta sonu için buradayım
sadejey hafta sonoo itchin buradayeum

we're just passing through
buradan sadece geçiyoruz
booradan sadejey getchiyorooz

this is our first time in Turkey
Türkiye'ye ilk defa geliyoruz
tuurkiyeyey ilk defa geliyorooz

we're here to celebrate our wedding anniversary
evlenme yıldönümümüz için geldik
evlenmey yildeunuumuumuuz itchin geldik

we're on our honeymoon
balayındayız
balayeundayeuz

we're here with friends
arkadaşlarla beraberiz
arkadashlarla beraberiz

we're touring around
çevreyi turluyoruz
tchevreyi toorlooyorooz

we managed to get a cheap flight
ucuz bir uçuş bulabildik
oojooz bir ootchoosh boolabildik

we're thinking about buying a house here
buradan bir ev almayı düşünüyoruz
booradan bir ev almayeuh duushuunuuyorooz

Understanding

iyi tatiller!
enjoy your stay!

kalan zamanınızda iyi tatiller!
enjoy the rest of your holiday!

Türkiye'ye ilk kez mi geliyorsunuz?
is this your first time in Turkey?

ne kadar kalacaksınız?
how long are you staying?

burayı sevdiniz mi?
do you like it here?

... 'ye gittiniz mi?
have you been to ...?

STAYING IN TOUCH

Expressing yourself

we should stay in touch
bağlantıyı koparmayalım
ba-lanteuyeuh koparmayaleum

I'll give you my e-mail address
sana email adresimi vereyim
sana imeyil adresimi vereyim

here's my address, if ever you come to Britain
bir gün İngiltere'ye gelirsen, işte adresim
bir guun ingiltereyey gelirsen ishtey adresim

Understanding

bana adresini verir misin?
will you give me your address?

email adresin var mı?
do you have an e-mail address?

herzaman gelip bizimle kalabilirsin
you're always welcome to come and stay with us here

EXPRESSING YOUR OPINION

> **Some informal expressions**
>
> **çok sıkıcıydı** it was very boring
> **harika vakit geçirdim** I had a great time
> **ilginç ve farklı buldum** I found it interesting and different

Expressing yourself

I really like ...
... i çok beğeniyorum
... i tchok bey-eniyoroom

I really liked ...
... i çok beğendim
... i tchok bey-endim

I don't like ...
... i beğenmiyorum
... i bey-enmiyoroom

I didn't like ...
... i beğenmedim
... i bey-enmedim

I love ...
... i seviyorum
... i seviyoroom

I loved ...
... i sevdim
... i sevdim

I would like ...
... istiyorum
... istiyoroom

I would have liked ...
... isterdim
... isterdim

I find it ...
... buluyorum
... boolooyoroom

I found it ...
... buldum
... booldoom

it's lovely
enfes
enfes

it was lovely
enfesti
enfesti

I agree
katılıyorum
kateuleuyoroom

I don't agree
katılmıyorum
kateulmeuyoroom

I don't know
bilmiyorum
bilmiyoroom

I don't mind
bence farketmez
benjey farketmez

I don't like the sound of it
kulağa hoş gelmiyor
koolah-a hosh gelmiyor

it sounds interesting
kulağa ilginç geliyor
koolah-a ilgintch geliyor

it really annoys me
sinirime gidiyor
sinirime gidiyor

it was boring
sıkıcıydı
seukeujeuydeuh

it's a rip-off
çok kazık
tchok kazeuk

it gets very busy at night
geceleri çok kalabalıktır
gejelairi tchok kalabaleukteur

GETTING TO
KNOW PEOPLE

19

it's too busy
aşırı kalabalık
asheureuh kalabaleuk

it's very quiet
çok sakin
tchok sakin

I really enjoyed myself
çok güzel vakit geçirdim
tchok guuzel vakit getchirdim

we had a great time
harika vakit geçirdik
harika vakit getchirdik

there was a really good atmosphere
çok iyi bir ortam vardı
tchok iyi bir ortam vardeuh

we met some nice people
hoş insanlarla tanıştık
hosh insanlarla taneushteuk

we found a great hotel
harika bir otel bulduk
harika bir otel booldook

Understanding

… sever misiniz?
do you like …?

güzel vakit geçirdiniz mi?
did you enjoy yourselves?

… e gitmelisiniz
you should go to …

… i tavsiye ederim
I recommend …

enfes bir bölgedir
it's a lovely area

aşırı turist yoktur
there aren't too many tourists

hafta sonu gitmeyin, aşırı kalabalıktır
don't go at the weekend, it's too busy

biraz fazla abartılmış
it's a bit overrated

TALKING ABOUT THE WEATHER

> **Some informal expressions**
>
> **sıcaktan bunaldık** it was unbearably hot
> **soğuktan donduk** it was unbearably cold
> **şakır şakır yağmur yağdı** it bucketed down

Expressing yourself

have you seen the weather forecast for tomorrow?
yarınki hava durumunu izledin mi?
yareunki hava dooroomoonoo izledin mee?

it's going to be nice
hava güzel olacak
hava guuzel olajak

it isn't going to be nice
hava kötü olacak
hava keutuu olajak

it's really hot
gerçekten çok sıcak
gertchekten tchok seujak

it gets cold at night
geceleri soğuk olur
gejelairi so-ook oloor

the weather was beautiful
hava güzeldi
hava guuzeldi

it rained a few times
bir kaç kez yağmur yağdı
bir katch kez ya-moor ya-deuh

there was a thunderstorm
fırtına ve gökgürültüsü vardı
feurteunah vey geukguuruultuusuu vardeuh

it's been lovely all week
hava tüm hafta boyunca enfesti
hava tuum hafta boyoonja enfesti

it's very humid here
burada hava çok nemli
boorada hava tchok nemli

we've been lucky with the weather
havadan yana şanslıyız
havadan yana shansleuyeuz

Understanding

yağmur yağacak dendi
it's supposed to rain

haftanın geri kalanı için hava güzel olacak dendi
they've forecast good weather for the rest of the week

yarın gene sıcak olacak
it will be hot again tomorrow

GETTING TO
KNOW PEOPLE

21

TRAVELLING

The basics

airport	havaalanı *havah-alaneuh*
boarding	uçağa biniş *utchah-a binish*
boarding card	biniş kartı *binish karteuh*
boat	gemi *gemi*
bus	otobüs *otobuus*
bus station	otogar *otogar*
bus stop	otobüs durağı *otobuus doorah-euh*
car	araba *araba*
check-in	çekin *tchekin*
coach	şehirlerarası otobüs *shehirlairaraseuh otobuus*
ferry	feribot *feribot*
flight	uçuş *ootchoosh*
gate	kapı *kapeuh*
left-luggage (office)	unutulmuş valiz (bürosu) *oonootoolmoosh valiz (buurosoo)*
luggage	valiz *valiz*
map	harita *harita*
motorway	otoyol *otoyol*
passport	pasaport *pasaport*
plane	uçak *utchak*
platform	peron *peron*
railway station	gar *gar*
return (ticket)	gidiş dönüş (bilet) *gidish deunuush (bilet)*
road	yol *yol*
shuttle bus	servis *servis*
single (ticket)	tek yön (bilet) *tek yeun (bilet)*
street	sokak *sokak*
street map	sokak haritası *sokak haritaseu*
taxi	taksi *taksi*
terminal	terminal *terminal*
ticket	bilet *bilet*
timetable	tarife *tarife*
town centre	şehir merkezi *shehir merkezi*
train	tren *tren*
tram	tramvay *trahmvahy*

TRAVELLING

22

underground	metro *metro*
underground station	metro istasyonu *metro istasyonoo*
to book	ayırtmak *ayeurtmak.*
to hire	kiralamak *kiralamak*

Expressing yourself

where can I buy tickets?
nereden bilet alabilirim?
nereden bilet alabilirim?

a ticket to ..., please
...'e bir bilet, lütfen
...'ey bir bilet luutfen

I'd like to book a ticket
bir bilet ayırtmak istiyorum
bir bilet ayeurtmak istiyoroom

how much is a ticket to ...?
... 'e bir bilet ne kadar?
... 'ey bir bilet ney kadar?

are there any concessions for students?
öğrenci indirimi var mı?
euh-renji indirimi var meuh?

could I have a timetable, please?
bir tarife alablir miyim, lütfen?
bir tarifey alabilir miyim, luutfen?

is there an earlier/later one?
daha erken/geç olanı var mı?
daha erken/getch olaneuh var meuh?

how long does the journey take?
yolculuk ne kadar sürüyor?
yoljoolook ney kadar suuruuyor?

is this seat free?
bu yer boş mu?
bu yer bosh moo?

I'm sorry, there's someone sitting there
üzgünüm, orada oturan birisi var
uuzguunuum, orada oturan birisi var

Understanding

Making sense of abbreviations
DHML (= Devlet Havameydanları ve Limanları) State Airports and Harbours
İETT (= İstanbul Elektrik Tünel Tramvay İşletmesi) Istanbul Public Transport
TCDD (= Türkiye Cumhuriyeti Devlet Demiryolları) Republic of Turkey State Railways
THY (= Türk Hava Yolları) Turkish Airlines

aktarma	connections
bayan	ladies
bilet	tickets
bilgi	information
çıkış	exit
erkek	gents
gecikmeli	delayed
gelen yolcu	arrivals
giden yolcu	departures
giriş	entrance
giriş yok	no entry
gişe	tickets
iptal	cancelled
kadın	ladies
tuvaletler	toilets

heryer tamamen dolu
everything is fully booked

BY PLANE

Travelling within Turkey by plane is convenient for going to major cities and, from Istanbul, Ankara and Izmir, to major tourist resorts on the Aegean and South coasts. There are several companies that offer daily scheduled flights. THY (Turkish Airlines), in particular, schedules plenty of fast, regular domestic flights at reasonable prices. However, compared to other forms of domestic transport, planes are expensive.

Expressing yourself

where's the British Airways check-in?
British Airways çekin masası nerede?
british airways tchekin masaseuh neredey?

I've got an e-ticket
benim elektronik biletim var
benim elektronik biletim var

one suitcase and one piece of hand luggage
bir valiz ve bir kabin valizi
bir valiz ve bir kabin valizi

what time do we board?
saat kaçta uçağa biniyoruz?
sah-at katchta utchah-a biniyorooz?

I'd like to confirm my return flight
dönüş uçuşumu onaylatmak istiyorum
deunuush ootchooshoomoo onaylatmak istiyoroom

one of my suitcases is missing
valizlerimden birisi kayıp
valizlerimden birisi kayeup

my luggage hasn't arrived
valizim gelmedi
valizim gelmedi

the plane was two hours late
uçak iki saat geç kaldı
utchak iki sah-at getch kaldeuh

I've missed my connection
aktarma yapacağım uçağı kaçırdım
aktarma yapajah-eum utchah-euh katcheurdeum

I've left something on the plane
uçakta bir şey unuttum
ootchakta bir shey oonoot–toom

I want to report the loss of my luggage
valizimin kaybolduğunu beyan etmek istiyorum
valizimin kayboldoo-oonoo beyan etmek istiyoroom

Understanding

bagaj	baggage reclaim
çekin	check-in
giden yolcu salonu	departure lounge
gümrük	customs
gümrüklü eşyalar	goods to declare
gümrüksüz	duty free
gümrüksüz çıkış	nothing to declare
iç hatlar	domestic flights
pasaport kontrol	passport control
uçağa anında biniş	immediate boarding

lütfen giden yolcu salonunda bekleyiniz
please wait in the departure lounge

pencere kenarı mı koridor mu istiyorsunuz?
would you like a window seat or an aisle seat?

… 'de aktarma yapmanız gerekiyor
you'll have to change in …

kaç tane valiziniz var?
how many bags do you have?

valizlerinizin hepsini siz mi paketlediniz?
did you pack all your bags yourself?

uçağa almanız için kimse size bir şey verdi mi?
has anyone given you anything to take onboard?

TRAVELLING

valiziniz beş kilo fazla
your luggage is five kilos overweight

buyrun biniş kartınız
here's your boarding card

uçağa biniş saat … de
boarding will begin at …

lütfen … numaralı çıkış kapısına gidiniz
please proceed to gate number …

… için son çağrı
this is a final call for …

valizinizin geldiğini öğrenmek için bu numarayı arayabilirsiniz?
you can call this number to check that your luggage has arrived

BY TRAIN, COACH, BUS, UNDERGROUND TRAM

With the exception of the Istanbul–Ankara line, trains are few and far between and services are slow. Trains leave Istanbul for Ankara from the Haydarpasa station on the Asian bank of the Bosphorus.

The best way to get around the country is by coach. Coaches are relatively fast, punctual, clean, comfortable and cheap. The network covers the entire country. Coach stations (**otogar**) are like towns within a town, the Istanbul and Ankara ones being particularly large. You can buy tickets at the coach station (for the next coach), in travel agents or at coach companies' offices in the town centre.

Another popular means of transport, this time for shorter journeys, is the **dolmuş** (*dol-moosh*), a type of minibus which leaves once it is full (taking around 8-15 passengers) and follows specific routes in towns and suburbs.

In towns generally people travel by bus or **dolmuş**. You can buy bus tickets in the kiosks near big bus stops (the Istanbul ones are marked with an **IETT** sign). In a **dolmuş**, you pay once you are seated.

Istanbul also has two underground lines and a tram line. Tickets can be bought at stations.

Expressing yourself

can I have a map of the underground, please?
bir metro haritası alabilir miyim, lütfen?
bir metro haritaseuh alabilir miyim, luutfen?

what time is the next train to ...?
... 'e bir sonraki tren ne zaman?
... 'ey bir sonraki tren ney zaman?

what time is the last train?
en son tren ne zaman?
en son tren ney zaman?

which platform is it for ...?
... için kaçıncı peron?
... itchin katcheunjeuh peron?

where can I catch a bus to ...?
... 'e gitmek için otobüse nereden binebilirim?
... 'ey gitmek itchin otobuusey nereden binebilirim?

which line do I take to get to ...?
... 'e gitmek için hangi hattı alayım?
... 'ey gitmek itchin hangi hat–teuh alayeum?

is this the stop for ...?
... durağı burası mı?
... doorah-euh booraseuh meuh?

is this where the coach leaves for ...?
... 'e giden şehirlerarası otobüsün kalktığı yer burası mı?
... 'ey giden shehirleraraseuh otobuusuun kalkteuh-euh yer booraseuh meuh?

can you tell me when I need to get off?
ne zaman inmem gerektiğini söyler misiniz?
ne zaman inmem gerekti-ini seuyler misiniz?

I've missed my train/bus
trenimi/otobüsümü kaçırdım
trenimi/otobuusuumuu katcheurdeum

Understanding

aylık	monthly
gişe/bilet satış yeri	ticket office
günlük biletler	tickets for travel today
günlük	for the day

haftalık	weekly
rezervsayonlar	bookings
trenlere	to the trains

biraz ileride sağda bir durak var
there's a stop a bit further along on the right

… numaralı otobüse binmeniz gerek
you need to get the number … bus

lütfen ücreti tam para veriniz	**…'de aktarma yapmanız gerekecek**
exact money only, please	you'll have to change at …
bu tren …'de dururur/…'e gider	**buradan iki durak sonra**
this train calls at …	two stops from here

BY CAR

The Turkish road network is in reasonably good condition. The few motorways mainly have tolls. A British driving licence is valid for up to six months from entry into the country, after which you must obtain an International Driving Licence. It is easy to hire a car from one of the big rental companies (Avis, Hertz, etc), and prices are similar to those in the UK. Traffic can be very heavy at rush hour in big cities like Istanbul. You should also be aware that Turkey has high road accident statistics. Service stations are fairly common, though petrol is not especially cheap. A good number of service stations (though not all) sell lead-free petrol.

Hitchhiking is rare and is not advisable, especially in non-tourist and rural areas and when one is on one's own, even in tourist areas. However, it is quite common among young Turkish people in big cities and in tourist areas in the summer.

In cities and tourist resorts there are always plenty of taxis, which are inexpensive and easy to spot (they are yellow). If the taxi is available, the light is left on. Always check that the meter is set to zero when you get in. A night-time rate (**gece**) applies after midnight, but there is no extra charge for luggage.

Expressing yourself

where can I find a service station?
nerede servis istasyonu bulabilirim?
neredey servis istasyonu buulabilirim?

lead-free petrol, please
kurşunsuz benzin, lütfen
koorshoonsooz benzin, luutfen

how much is it per litre?
litresi kaç para?
litresi katch para?

we got stuck in a traffic jam
trafikte takılı kaldık
trafiktey takeuleuh kaldeuk

is there a garage near here?
buralarda oto tamirci var mı?
booralarda oto tamirji var meuh?

can you help us to push the car?
arabayı itmek için bize yardım eder misiniz?
arabayeuh itmek itchin bizey yardeum eder misiniz?

the battery's dead
akü bitmiş
akuu bitmish

I've broken down
arabam bozuldu
arabam bozooldoo

I've got a puncture and my spare tyre is flat
lastik patladı ve stepne de inik
lastik patladeuh vey stepney dey inik

we've run out of petrol
petrolümüz bitti
petroluumuuz bit–ti

we've just had an accident
az önce bir kaza geçirdik
az eunjey bir kaza getchirdik

I've lost my car keys
arabamın anahtarlarını kaybettim
arabameun anahtarlareuneuh kaybet–tim

how long will it take to repair?
tamiri ne kadar sürer?
tamiri ne kadar suurair?

◆ Hiring a car

I'd like to hire a car for a week
bir hafta araba kiralamak istiyorum
bir hafta araba kiralamak istiyoroom

an automatic (car)
otomatik vitesli (araba)
otomatik vitesli (araba)

I'd like to take out comprehensive insurance
ful kasko istiyorum
fool kasko istiyoroom

◆ Getting a taxi

is there a taxi rank near here?
buralarda taksi durağı var mı?
booralarda taksi doorah-euh var meuh?

I'd like to go to ...
... 'e gitmek istiyorum
... 'ey gitmek istiyoroom

I'd like to book a taxi for 8pm
akşam sekiz için bir taksi çağırmak istiyorum
aksham sekiz itchin bir taksi tchah-eurmak istiyoroom

you can drop me off here, thanks
burada indirebilirsiniz, teşekkürler
boorada indirebilirsiniz, teshek–kuurler

how much will it be to go to the airport?
havaalanına kaç para olur?
havah-alaneuna katch para oloor?

◆ Hitchhiking

I'm going to ...
... 'e gidiyorum
... 'e gidiyoroom

can you drop me off here?
beni burada bırakır mısınız?
beni boorada beurakeur meuseuneuz?

could you take me as far as ...?
beni ... 'e kadar götürür müsünüz?
beni ... 'ey kadar geuteuruur muusuunuuz?

thanks for the lift
getirdiğiniz için teşekkürler
getirdi-iniz itcin teshek–kuurlair

we hitched a lift
otostop yaptık
otostop yapteuk

Understanding

araba kiralama	car hire
biletinizi atmayın	keep your ticket
boş yer var	spaces free *(car park)*
bütün yönler	all directions
diğer yönler	other directions
dolu	full *(car park)*
gişeler	tolls
kendi şeridinizde kalınız	stay in your lane
otomatik geçiş	automatic pass
oto park	car park
park yapılmaz (yasak)	no parking
yavaş	slow

ehliyetiniz, başka bir kimlik daha, adresiniz ve kredi kartınız lazım
I'll need your driving licence, another form of ID, proof of address and your credit card

üç yüz liralık bir kapora var
there's a 300-YTL deposit

tamam, bin, seni … 'e kadar götüreyim
alright, get in, I'll take you as far as …

BY BOAT

In Istanbul, there are ferries (**vapur**) which you can take along the Bosphorus and to the islands (Büyükada, Kınalıada, Heybeliada). In Izmir, too, there are ferries which take passengers across the gulf from Konak to Karşıyaka.

Coastal resorts offer a wide range of trips and cruises on the Aegean and Mediterranean.

From Istanbul, you can also sail to various towns on the Marmara Sea and Black Sea, but crossings are not very frequent.

TRAVELLING

32

Expressing yourself

how long is the crossing?
karşıya geçiş ne kadar sürüyor?
karseuya getchish ney kadar suuruuyor?

I'm seasick
deniz tuttu
deniz toot–too

Understanding

bir sonraki karşıya geçiş noktası …'de
next crossing at …

sadece yayan yolcular
foot passengers only

ACCOMMODATION

(i)

You can find accommodation to suit any budget in Turkey. The quality of the service will be affected by whether the place you are staying in is registered with the Ministry of Culture and Tourism. All hotels and pensions ideally have to be registered with and follow the guidelines provided by the Ministry. If you haven't made an advance booking, it's often best to go to a town centre Tourist Office to find out about accommodation possibilities. In the high season, in crowded tourist areas, you might find it difficult to find a place to stay unless you have pre-booked; the prices are also generally higher than in autumn and winter. If you want to go camping or stay in youth hostels it is advisable to find out about the options before leaving your home country and to telephone in advance as these might not be available all year round. You do not usually need to pay until the end of your stay, but a deposit is likely to be necessary to make an advance booking.

The basics

bath	küvet *kuuvet*
bathroom	banyo *banyo*
bathroom with shower	duşlu banyo *dooshloo banyo*
bed	yatak *yatak*
bed and breakfast	yatak ve kahvaltı *yatak vey kahvalteuh*
cable television	kablolu televizyon *kabloloo televizyon*
campsite	kamp alanı *kamp alaneuh*
caravan	karavan *karavan*
cottage	kulübe *kooluubey*, yazlık *yazleuk*
double bed	çift kişilik yatak *tchift kishilik yatak*
double room	çift kişilik oda *tchift kishilik oda*
en-suite bathroom	banyolu oda *banyooloo oda*
family room	aile odası *ailey odaseuh*
flat	daire *dahirey*
full-board	tam pansiyon *tam pansiyon*
fully inclusive	her şey dahil *hair shey dahil*
half-board	yarım pansiyon *yareum pansiyon*

ACCOMMODATION

hotel	otel *otel*
key	anahtar *anahtar*
rent	kira *kira*
self-catering	kendi yiyeceğini sağlama *kendi yiyejey-ini sa-lama*
shower	duş *doosh*
single bed	tek kişilik yatak *tek kishilik yatak*
single room	tek kişilik oda *tek kishilik oda*
tenant	kiracı *kirajeuh*
tent	çadır *tchadeur*
toilets	tuvaletler *toovaletlair*
youth hostel	gençlik otel *gentchlik otel*
to book	kitap *kitap*
to rent	kiralamak *kiralamak*
to reserve	ayırtmak *ayeurtmak*

Expressing yourself

I have a reservation
rezervasyonum var
rezervasyonoom var

the name's ...
... adına
... adeuna

do you take credit cards?
kredi kartı alıyor musunuz?
kredi karteuh aleuyor moosoonooz?

Understanding

boş odalar	vacancies
dolu	full
özel	private
resepsiyon	reception
tuvaletler	toilets

pasaportunuzu görebilir miyim, lütfen?
could I see your passport, please?

bu formu doldurun, lütfen
could you fill in this form?

ACCOMMODATION

HOTELS

Expressing yourself

do you have any vacancies?
boş odanız var mı?
bosh odaneuz var meuh?

how much is a double room per night?
çift kişilik oda, bir gece kaç para?
tchift kishilik oda, bir gejey katch para?

I'd like to reserve a double room/a single room
çift kisilik/tek kişilik bir oda ayırtmak istiyorum
tchift kishilik/tek kishilik bir oda ayeurtmak istiyoroom

for three nights
üç gecelik
uutch gejelik

would it be possible to stay an extra night?
bir gece daha kalmak mümkün mü?
bir gejey daha kalmak muumkuun muu?

do you have any rooms available for tonight?
bu gece boş odanız var mı?
boo gejey bosh odaneuz var meuh?

do you have any family rooms?
aile odanız var mı?
ailey odaneuz var meuh?

would it be possible to add an extra bed?
bir yatak daha eklemek mümkün mü?
bir yatak daha eklemek muumkuun muu?

could I see the room first?
önce odayı görebilir miyim?
eunjey odayeuh geurebilir miyim?

do you have anything bigger/quieter?
daha büyük/sessiz odanız var mı?
daha buuyuuk/ses–siz odaneuz var meuh?

that's fine, I'll take it
bu iyi, tutuyorum
boo iyi tootooyoroom

could you recommend any other hotels?
başka bir otel tavsiye edebilir misiniz?
bashka bir otel tavseeyey edebilir misiniz?

is breakfast included?
kahvaltı dahil mi?
kahvalteuh dahil mee?

what time do you serve breakfast?
kahvaltı ne zaman?
kahvalteuh ne zaman?

is there a lift?
asansör var mı?
asanseur var meuh?

is the hotel near the centre of town?
otel şehir merkezine yakın mı?
otel shehir merkeziney yakeun meuh?

what time will the room be ready?
oda ne zaman hazır olur?
oda ney zaman hazeur oloor?

the key for room ..., please
... numaralı odanın anahtarı, lütfen
... noomaraleuh odaneun anahtareuh, luutfen

could I have an extra blanket?
bir battaniye daha alabilir miyim?
bir bat–taniyey daha alabilir miyim?

the air conditioning isn't working
havalandırma çalışmıyor
havalandeurma tchaleushmeuyor

Understanding

üzgünüm, ama doluyuz
I'm sorry, but we're full

sadece bir kişilik odamız var
we only have a single room available

kaç gecelik?
how many nights is it for?

adınız, lütfen?
what's your name, please?

çek-in/giriş öğlen başlar
check-in is from midday

onbirden önce çıkış yapmalısınız
you have to check out before 11am

kahvaltı servisi saat yedi buçukla dokuz arasında restoranda
breakfast is served in the restaurant between 7.30 and 9.00

sabah gazete istiyor musunuz?
would you like a newspaper in the morning?

odanız henüz hazır değil
your room isn't ready yet

çantalarınızı/bavullarınızı/valizlerinizi buraya bırakabilirsiniz
you can leave your bags here

YOUTH HOSTELS

Expressing yourself

do you have space for two people for tonight?
bu gece iki kişilik yeriniz var mı
boo gejey iki kishilik yeriniz var meuh?

we've booked two beds for three nights
üç gece için iki kişilik oda ayırttık
uutch gejey itchin iki kishilik oda ayeurt–teuk

could I leave my backpack at reception?
sırt çantamı resepsiyonda bırakabilir miyim?
seurt tchantameuh resepsiyonda beurakabilir miyim?

do you have somewhere we could leave our bikes?
bisikletlerimiz için yeriniz var mı?
bisikletlerimiz itchin yeriniz var meuh?

I'll come back for it around 7 o'clock
onu saat yedi gibi gelip alırım
onoo sah-at yedi gibi gelip aleureum

there's no hot water
hiç sıcak su yok
hitch seujak soo yok

the sink's blocked
lavabo tıkalı
lavabo teukaleuh

Understanding

üye kartınız var mı?
do you have a membership card?

yatak çarşafı verilir
bed linen is provided

yurt/otel akşam saat altıda yeniden açılır
the hostel reopens at 6pm

SELF-CATERING

Expressing yourself

we're looking for somewhere to rent near the town
şehre yakın kiralık bir yer arıyoruz
shehrey yakeun kiraleuk bir yer areuyorooz

where do we pick up/leave the keys?
anahtarları nereden alalım/nereye bırakalım?
anahtarlareuh nereden alaleum/nereyey beurakaleum?

is electricity included in the price?
fiyata elektrik dahil mi?
fiyata elektrik dahil mee?

are bed linen and towels provided?
yatak çarşafı ve havlu veriliyor mu?
yatak tcharshafeuh vey havloo veriliyor moo?

is a car necessary?
araba gerekli mi?
araba gerekli mee?

is there a pool?
havuz var mı?
havooz var meuh?

is the accommodation suitable for elderly people?
konaklama yeri yaşlılar için uygun mu?
konaklama yeri yashleular itchin ooygoon moo?

where is the nearest supermarket?
en yakın süpermarket nerede?
en yakeun suupermarket neredey?

Understanding

lütfen ayrılırken evi temiz ve düzenli bırakınız
please leave the house clean and tidy when you leave

ev dayalı döşeli
the house is fully furnished

fiyata her şey dahil
everything is included in the price

ülkenin bu kesiminde gerçekten arabaya ihtiyacınız var
you really need a car in this part of the country

CAMPING

Expressing yourself

is there a campsite near here?
buralarda kamp alanı var mı?
booralarda kamp alaneuh var meuh?

I'd like to book a space for a two-person tent for three nights
İki kişilik bir çadırda üç gece için yer ayırtmak istiyorum
iki kishilik bir tchadeurda uutch gejey itchin yer ayeurtmak istiyoroom

how much is it a night?
bir gecesi kaç para
bir gejesi katch para?

where is the shower block?
duşlar nerede?
dooshlar neredey?

can we pay, please? we were at space ...
ödeme yapabilir miyiz, lütfen? ... numaralı kamp yerindeydik
eudemey yapabilir miyiz, luutfen? ... noomaraleuh kamp yerindeydik

Understanding

bir kişi bir gece ... lira
it's ... per person per night

bir şey lazım olursa sormanız yeterli
if you need anything, just come and ask

ACCOMMODATION

In most cities and towns in Turkey, depending on the time of the day and the time available to satisfy your hunger, you can choose to eat a **döner** kebab or a **tost** (cheese on toast) at a **büfe** (a small street kiosk) or go and sit in a **lokanta** or **restoran**.

A **lokanta** tends to serve homemade-style food like stews and soups, although it may specialize in other kinds of food. A **kebapçı** is a kebab house, specializing in foods like **kebap**, **pide** (Turkish pizza) or **lahmacun**, while in a **börekçi** you can eat **börek** (a type of savoury filled pastry). All these types of restaurant tend to be very reasonably priced. No alcohol is served, and sometimes no coffee, but you will always be able to get tea.

A **restoran** (restaurant) or a **meyhane** (tavern) will be a little more expensive and will offer various fish and meat dishes. In a **restoran** you can order alcoholic drinks, as you can in any **balık evi** (fish restaurant) or **gazino** (an evening restaurant with live music and sometimes dancers).

In almost all kinds of restaurant, you can order delicious **meze** (little hot or cold dishes as starters), which everybody should try (you can even make a whole meal out of them). Bread is usually provided free. Tap water is safe to drink, except in Istanbul. Here, bottled water is to be recommended, and there is a charge for this.

There are usually few if any desserts – a plate of fruit is the most common. However, there are dessert houses/tea rooms for traditional desserts such as **baklava** and **künefe**. You can go to a **pastane** or a **muhallebici** for these.

One national drink is tea, which is locally produced. Traditional tea salons (**çay salonu**) are for men only: they go there to drink tea (never alcohol) and play cards. The other national drink is **rakı**, which is high in alcohol content and flavoured with aniseed. It is drunk diluted with water. **Rakı** should be approached with caution, no matter how persistent your Turkish friends may be! Freshly-squeezed orange juice (**portakal suyu**) is another popular drink and is very cheap. Finally, wine coming from the Nevşehir,

Ankara, Trakya and Eastern Anatolian regions is especially good and relatively cheap, even when ordered in a restaurant.

In restaurants and cafes, service is included in the price, but it is still customary to leave a tip (5 to 10 per cent, depending on the quality of the restaurant).

The basics

beer	bira *bira*
bill	hesap *hesap*
black coffee	sade kahve *sadey kahvey*
bottle	şişe *shishey*
bread	ekmek *ekmek*
breakfast	kahvaltı *kahvalteuh*
coffee	kahve *kahvey*
Coke®	kola *kola*
dessert	tatlı *tatleuh*
dinner	akşam yemeği *aksham yemey-ee*
fruit juice	meyve suyu *meyvey sooyoo*
lemonade	limonata *limonata*
lunch	öğle yemeği *euh-ley yemey-ee*
main course	ana yemek *ana yemek*
menu	menü *menuu*
mineral water	maden suyu *maden sooyoo*
red wine	kırmızı şarap *keurmeuzeuh sharap*
rosé wine	pembe şarap *pembey sharap*
salad	salata *salata*
sandwich	sandviç *sandvitch*
service	servis *servis*
sparkling	(water) soda *soda*; (wine) köpüklü *keupuukluu*
starter	antre *antrey*
still	(water) tatlı *tatleuh*
tea	çay *tchahy*
tip	bahşiş *bahshish*
water	su *soo*
white coffee	sütlü kahve *suutluu kahvey*

EATING AND DRINKING

white wine	beyaz şarap *beyaz sharap*
wine	şarap *sharap*
wine list	şarap listesi *sharap listesi*
to eat	yemek *yemek*
to have breakfast	kahvaltı yapmak *kahvalteuh yapmak*
to have dinner	akşam yemeği yemek *aksham yemey-ee yemek*
to have lunch	öğle yemeği yemek *euh-ley yemey-ee yemek*
to order	sipariş vermek *siparish vermek*

Expressing yourself

shall we go and have something to eat?
gidip birşeyler yiyelim mi?
gidip birsheylair yiyelim mee?

do you want to go for a drink?
birşeyler içmek ister misin?
birsheylair itchmek istai misin?

can you recommend a good restaurant?
iyi bir restoran tavsiye edebilir misiniz?
iyi bir restoran tavsiey edebilir misiniz?

I'm not very hungry
fazla aç değilim
fazla atch dey-ilim

excuse me! *(to call the waiter)*
bakar mısınız?
bakar meuseuneuz?

cheers!
şerefe!
sherefey!

that was lovely
enfesti
enfesti

could you bring us an ashtray, please?
bir kültablası getirir misiniz, lütfen?
bir kuultablaseuh getirir misiniz, luutfen?

where are the toilets, please?
tuvaletler nerede, lütfen?
toovaletlair neredey, luutfen?

Understanding

üzgünüm, akşam onbirden sonra servis vermiyoruz
I'm sorry, we stop serving at 11pm

RESERVING A TABLE

Expressing yourself

I'd like to reserve a table for tomorrow evening
yarın akşama bir masa ayırtmak istiyorum
yareun akshama bir masa ayeurtmak istiyoroom

for two people
iki kişilik
iki kishilik

around 8 o'clock
saat sekiz gibi
sah-at sekiz gibi

do you have a table available any earlier than that?
daha erken bir saatte masanız var mı?
daha erken bir sahat–tey masaneuz var meuh?

I've reserved a table – the name's …
… adına bir masa ayırttım
… adeuna bir masa ayeurt–teum

Understanding

rezervasyonlu
reserved

saat kaç için?
for what time?

kaç kişi için?
for how many people?

kimin adına?
what's the name?

sigaralı mı sigarsız mı olsun?
smoking or non-smoking?

rezervasyonunuz var mı?
do you have a reservation?

bu köşedeki masa iyi mi?
is this table in the corner OK for you?

maalesef şu anda doluyuz efendim
I'm afraid we're full at the moment

ORDERING FOOD

Expressing yourself

yes, we're ready to order
evet, sipariş vermeye hazırız
evet, siparish vermeyey hazeureuz

no, could you give us a few more minutes?
hayır, birkaç dakika daha bekler misiniz?
hayeur, birkatch dakika daha bekler misiniz?

I'd like ...
... istiyorum
... istiyoroom

could I have ...?
... alabilir miyim?
... alabilir miyim?

I'm not sure, what's "hünkar beğendi"?
emin değilim, hünkar beğendi nedir?
emin dey-ilim, huunkar bey-endi nedir?

I'll have that
onu alayım
onoo alayeum

does it come with vegetables?
yanında sebze de geliyor mu?
yaneunda sebze dey geliyor moo?

what are today's specials?
günün yemekleri neler?
guunuun yemekleri nelair?

what desserts do you have?
hangi tatlılar var?
hangi tatleular var?

some water, please
su, lütfen
soo, luutfen

a bottle of red/white wine
bir şişe kırmızı/beyaz şarap?
bir sishey keurmeuzeuh/beyaz sharap?

that's for me
o benim için
o benim itchin

this isn't what I ordered, I wanted ...
bu benim siparişim değil, ben ... istedim
bu benim siparishim dey-il, ben ... istedim

EATING AND DRINKING

46

I'm allergic to nuts/sesame/wheat/seafood/dairy products/citrus fruit
çereze/susama/buğdaya/deniz ürünlerine/süt ürünlerine/turunçgillere alerjim var
tcherezey/soosama/boo-daya/deniz uuruunleriney/suut uuruunlairiney/tooroontchgil–lairey alerzhim var

I'm allergic to certain types of food
bazı yiyeceklere alerjim var
bazeuh yiyejeklairey alerzhim var

what are the ingredients?
içindekiler nedir?
itchindekilair nedir?

could we have some more bread, please?
biraz daha ekmek alabilir miyiz, lütfen?
biraz daha ekmek alabilir miyiz?

could you bring us another jug of water, please?
bir sürahi su daha getirir misiniz, lütfen?
bir suurahi soo daha getirir misiniz, luutfen?

Understanding

sipariş vermeye hazır mısınız?
are you ready to order?

bir kaç dakika içinde geri gelirim
I'll come back in a few minutes

üzgünüm, hiç ... kalmadı
I'm sorry, we don't have any ... left

ne içmek istersiniz?
what would you like to drink?

tatlı mı, kahve mi istersiniz?
would you like dessert or coffee?

her şey yolunda mıydı?
was everything OK?

BARS AND CAFÉS

Expressing yourself

I'd like ...
... istiyorum
... istiyoroom

a Coke®/a diet Coke®
bir kola/bir diyet kola
bir kola/bir diyet kola

a glass of white/red wine
bir bardak beyaz/kırmızı şarap
bir bardak beyaz/keurmeuzeuh sharap

a black/white coffee
bir sade/sütlü kahve
bir sadey/suutluu kahvey

a cup of tea
bir fincan çay
bir finjan tchahy

a coffee and a croissant
bir kahve ve korasan
bir kahvey vey korasan

a cup of hot chocolate
bir fincan sıcak çikolata
bir finjan seujak tchikolata

the same again, please
aynısından, lütfen
ahyneuseundan, luutfen

Understanding

ne istersiniz?
what would you like?

burası sigarasız bölüm
this is the non-smoking area

ödemeyi şimdi yapabilir misiniz, lütfen?
could I ask you to pay now, please?

Some informal expressions

akşamdan kalmayım I have a hangover
sarhoş oldum I got legless
patlayana kadar yedim I ate till I burst

THE BILL

Expressing yourself

the bill, please
hesap, lütfen
hesap, luutfen

how much do I owe you?
borcum ne kadar?
borjoom ne kadar?

do you take credit cards?
kredi kartı alıyor musunuz?
kredi karteuh aleuyor moosoonooz?

I think there's a mistake in the bill
sanırım hesapta yanlışlık var
saneureum hesapta yanleushleuk var

is service included?
servis dahil mi?
servis dahil mee?

Understanding

beraber mi ödüyorsunuz?
are you all paying together?

evet, servis dahil
yes, service is included

Understanding

acılı	hot (spicy)
dilim	slice
dolma	stuffing, stuffed
fırında pişmiş	oven-baked
parça	piece
soğuk	cold
sote	sautéd

Different types of restaurants and confectionery shops

baklava salonu	confectioner's specializing in **baklava** (thin, flaky layers of pastry filled with pistachios or walnuts and covered in syrup)
balık lokantası	fish restaurant
börek salonu	restaurant specializing in **börek** (flaky pastries)
büfe	kiosk or small takeaway food shop
kebap salonu	kebab restaurant
lokanta	restaurant specializing in dishes in sauce
mantı evi	restaurant specializing in **mantı** (ravioli) and **gözleme** (filled pancakes)
meyhane	tavern serving **meze** (starters) and grilled meat
muhallebi salonu	confectioner's specializing in cream-based desserts
ocak başı	restaurant specializing in grilled meat
pastane	confectioner's
pide salonu	restaurant specializing in **pide** (flat bread with filling)

◆ soğuk mezeler cold starters

arnavut ciğeri	fried, spiced lamb's liver with onions
biber dolma	peppers stuffed with rice, raisins and pine nuts
cacık	mixture of yogurt, chopped cucumber, olive oil and garlic
çig köfte	very spicy meatballs of semolina, raw meat, tomato and onions
çoban salatası	tomato, cucumber, onion and pepper salad
ezme salata	spicy salad of finely chopped tomatoes, peppers, onions and parsley
fasulye pilaki	haricot beans marinated in olive oil
haydari	yogurt and dried mint mixture
humus	hummus
imam bayıldı	deep-fried aubergines stuffed with onions and tomatoes
karides salatası	prawn salad
mantar salatası	mushroom salad
midye dolma	stuffed mussels
patlıcan salatası	char-grilled aubergine salad
piyaz	haricot beans in olive oil with onions and lemon
tarama	taramasalata
yaprak sarma	vine leaves stuffed with rice

◆ sıcak mezeler hot starters

kalamar tava	deep fried squid
karides güveç	oven-baked prawn stew with tomatoes and peppers, topped with melted cheese
karides tava	fried prawns
midye tava	fried mussels
sigara böreği	deep fried cheese pastry

◆ çorbalar soups

domates çorbası	tomato soup
ezogelin çorbası	lentil, tomato, rice and lemon soup
işkembe çorbası	tripe soup
mercimek çorbası	lentil soup
yayla çorbası	mint and yogurt soup

◆ döner/tost sandwiches

döner kebap	fine slices of lamb cooked on a spit and served in **yarım ekmek** (half a loaf of bread) or in **dürüm**
dürüm	thin, tortilla-like bread
karışık tost	toasted cheese, tomato and **sucuk** (spicy garlic sausage) sandwich
kaşarlı tost	toasted cheese sandwich
pide	flat bread with filling (**kaşarlı** with cheddar-type cheese, **kıymalı** with minced meat, **sucuklu** with garlic sausage, **karışık** with a mixed filling)
tavuk döner	fine slices of chicken cooked on a spit and served in **yarım ekmek** (half a loaf of bread) or in **dürüm**

◆ kebaplar/ızgara grilled meat

adana kebap	minced meat on a skewer
beyti	minced meat with garlic on a skewer
domatesli kebap	minced meat and tomatoes on a skewer
döner kebap	fine slices of lamb cooked on a spit
hünkar beğendi	lamb on a skewer with aubergine purée
hünkarlı tavuk	chicken on a skewer with yogurt sauce
inegöl köfte	minced meat and cheese meat balls
iskender kebap	döner kebap served on a bed of chopped flat bread and served with yogurt, tomato and butter sauce
karışık ızgara	mixed grill
köfte	meatballs with herbs and breadcrumbs
kül bastı	lamb stuffed with cheese and tomato sauce
mantarlı şiş	lamb on a skewer with mushrooms
patlıcanlı kebap	aubergines garnished with balls of minced meat and cooked in the oven
pirzola	lamb or veal cutlet
şiş kebap	pieces of lamb on a skewer
tavuk kanat	chicken wings
tavuk şiş	chicken on a skewer
urfa kebap	spicy minced meat on a skewer

◆ sıcak yemekler hot dishes

ayşe kadın	green beans in tomato sauce
bamya	okra with minced meat or cubes of meat in tomato sauce
etli bezelye	pea, potato and carrot stew with minced meat or cubes of meat in tomato sauce
etli biber dolması	peppers stuffed with meat or minced meat
etli domates dolması	tomatoes stuffed with meat or minced meat
etli kabak dolması	courgettes stuffed with meat or minced meat
etli kuru fasulye	haricot beans with lamb in tomato sauce
etli nohut	meat and chick pea stew
güveç	meat (lamb or chicken), tomatoes, onions and peppers baked in an earthenware dish
içli köfte	lightly spiced, deep fried balls of minced meat and semolina stuffed with raisins and nuts
karnıyarık	deep fried and baked aubergines stuffed with minced meat, tomatoes, peppers and onions
türlü	meat and vegetable stew

◆ tatlılar desserts

aşure	dessert made of wheat, nuts and dried fruit
ayva tatlısı	candied quince
baklava	baklava (thin, flaky layers of pastry filled with pistachios or walnuts and covered in syrup)
helva	halva (dessert made with sesame oil, nuts and honey)
kabak tatlısı	dessert made with pumpkin, syrup and nuts
kadayıf	"angel hair" (fine strands of pastry with nuts covered in syrup)
kaymak	thick, scented cream accompanying various desserts
keşkül	pine nuts, almonds and hazelnuts crushed with milk, rice flour and sugar
künefe	baked layers of kadayıf lined with unsalted cheese, covered in syrup and served hot
lokum	Turkish delight
muhallebi	rice flour pudding

sütlaç	rice pudding
tavuk göğsü	sweet dish of milk and pounded chicken breast

FOOD AND DRINK GLOSSARY

açık çay weak tea
alabalık trout
armut pear
ayran yogurt drink
ayva quince
balık fish
balık ızgara grilled fish
bamya okra
barbunya red mullet
beyaz şarap white wine
bezelye pea
biber pepper
bira beer
boza drink made from slightly
  fermented millet
börek flaky pastry (**sade** just pastry,
  peynirli with cheese, **ıspanaklı**
  with spinach, **kıymalı** with minced
  meat)
bulgur bulgur (boiled and ground
  wheat)
ceviz walnut
ciğer liver
çay tea
çilek strawberry
çipura sea bream
çorba soup
dana veal
domates tomato
dondurma ice cream
ekmek bread
elma apple
elma suyu apple juice

erik plum
et meat
fındık hazelnut
fıstık pistachio nut
gözleme savoury pancake (**peynirli**
  with cheese, **kıymalı** with minced
  meat, **ıspanaklı** with spinach)
hamsi anchovy
havuç carrot
hindi turkey
hoşaf fruit in syrup
ıspanak spinach
incir fig
istavrit horse mackerel
kabak courgette, pumpkin
kahve coffee
kalamar squid
kalkan turbot
karabiber black pepper
karışık mixed
karışık meyve mixed fruit (salad
  or platter)
karides prawn
karpuz watermelon
kaşar cheddar-type cheese
kavun melon
kayısı apricot
kayısı suyu apricot juice
kebap kebab
kefal grey mullet
kırmızı şarap red wine
kıyma minced meat
kiraz cherry

kokoreç sheep's intestines cooked on a spit

koyu çay strong tea

koyun sheep

kuru fasulye haricot bean

kuru pasta savoury or sweet dry pastries

kuzu lamb

lahmacun a very thin pizza base topped with tomato purée, spicy minced meat, chilli and parsley and cooked in a clay oven

levrek sea bass

limonata lemonade

makarna pasta

mantı meat pasty

marul lettuce

maydanoz parsley

menemen omelette made with tomatoes, onions and peppers (**sade** only with vegetables, **sucuklu** with garlic sausage, **karışık** mixed)

mersinbalığı sturgeon

meyve fruit

meyve suyu fruit juice

mezgit whiting

midye mussel

muz banana

orta şekerli kahve coffee with a little sugar

palamut tuna

pasta cake

pastırma pressed, cured and spiced meat

patates potato

patlıcan aubergine

peçete serviette, napkin

pekmez boiled grape juice (thin molasses)

pembe şarap rosé wine

peynir cheese

pide flat bread with filling (**kaşarlı** with cheddar-type cheese, **kıymalı** with minced meat, **sucuklu** with garlic sausage, **karışık** mixed)

pide ekmek flat bread

pilav pilaff

poğaça flaky cheese pastry

portakal orange

portakal suyu orange juice

rakı raki (alcoholic aniseed drink)

reçel jam

sade plain, pure, unmixed

sade kahve plain coffee

salep hot drink made with the powdered roots of the early purple orchid

salata salad

salatalık cucumber

salça tomato purée

sandviç sandwich

sardalya sardine

sebze çorbası vegetable soup

sebzeler vegetables

sığır beef

simit ring-shaped bread roll covered in sesame seeds

sirke vinegar

soğan onion

su böreği savoury pastry initially cooked in water then filled with cheese or minced meat and baked in the oven

sucuk spicy garlic sausage

süt milk
şalgam beetroot
şarap wine
şeftali peach
şeftali suyu peach juice
şehriye çorbası vermicelli soup
şeker sugar
şekerli with sugar
şekerli kahve coffee with sugar
tatlı dessert, sweet
tavuk chicken
tereyağı butter
turşu pickle

tuz salt
tuzlu salty
uskumru mackerel
üzüm grape
vişne suyu sour cherry juice
yeni dünya loquat (a round, pale-orange fruit)
yeşil fasulye green beans
yeşil salata green salad
yoğurt yogurt
yumurta egg
zeytin olive
zeytinyağı olive oil

GOING OUT

Major Turkish cities like Istanbul, Ankara, Izmir, Bursa and Adana have various festivals, shows, concerts and performances all year round. You can check out such events in a **Kent Rehberi** (City Guide) or on the Internet. There are bars and discos in cities like Istanbul, Ankara and Izmir and tourist towns like Bodrum, Marmaris and Kuşadası that are open all year round. Jazz, rock, pop or traditional **türkü** bars and taverns are in most cases situated side by side; sometimes they compete with each other, pumping up the volume on summer nights.

You might enjoy **türkü** bars if you want to hear a different kind of music made with traditional Turkish instruments like the **saz**, **tambur** and **tef** to name a few.

Check out the Sulukule, Beyoğlu and Ortaköy districts in Istanbul or the Alsancak district in Izmir for a bit of everything.

The basics

ballet	bale *baley*
band	grup *groop*
bar	bar *bar*
cinema	sinema *sinema*
circus	sirk *sirk*
classical music	klasik müzik *klasik muuzik*
club	kulüp *kooluup*
concert	konser *konsair*
dubbed film	dublajlı filim *dooblahzhleuh filim*
festival	festival *festival*
film	filim *filim*
folk music	folk müzik *folk muuzik*
group	grup *groop*
jazz	caz *jaz*
modern dance	modern dans *modairn dans*
musical	müzikal *muuzikal*

party	parti *parti*
play	oyun *oyoon*
pop music	pop müzik *pop muuzik*
rock music	rok müzik *rok muuzik*
show	gösteri *geusteri*, şov *shov*
subtitled film	altyazılı filim *altyazeuleuh filim*
theatre	tiyatro *tiyatro*
ticket	bilet *bilet*
to go out	dışarı çıkmak *deushareuh tcheukmak*

SUGGESTIONS AND INVITATIONS

Expressing yourself

where can we go?
nereye gidebiliriz?
nereyey gidebiliriz?

what do you want to do?
ne yapmak istiyorsun?
ney yapmak istiyorsoon?

shall we go for a drink?
birşeyler içmeye gidelim mi?
birsheylair itchmeyey gidelim mee?

what are you doing tonight?
bu akşam ne yapıyorsun?
boo aksham ney yapeuyorsoon?

do you have plans?
programın var mı?
programeun var meuh?

would you like to …?
… mek ister misin?
… mek istair misin?

we were thinking of going to …
… ye gitmeyi planlıyorduk
… yey gitmeyi planleuyordook

I can't today, but maybe some other time
bugün gelemem, belki başka zaman
booguun gelemem, belki bashka zaman

I'm not sure I can make it
gelebilir miyim emin değilim
gelebilir miyim emin de-ilim

I'd love to
çok isterim
tchok istairim

ARRANGING TO MEET

Expressing yourself

what time shall we meet?
saat kaçta buluşalım?
sah-at katchta boolooshaleum?

where shall we meet?
nerede buluşalım?
neredey boolooshaleum?

would it be possible to meet a bit later?
biraz daha geç buluşmak mümkün mü?
biraz daha getch boolooshmak muumkuun muu?

I have to meet ... at nine
... 'le saat dokuzda buluşmam lazım
... 'ley sah-at dokoozda boolooshmam lazeum

I don't know where it is but I'll find it on the map
nerede bilmiyorum, ama haritadan bulurum
neredey bilmiyoroom, ama haritadan boolooroom

see you tomorrow night
yarın gece görüşürüz
yareun gejey geuruushuuruuz

I'll meet you later, I have to stop by the hotel first
seninle daha sonra buluşurum, önce otele uğramam lazım
seninley daha sonra boolooshooroom, eunjey oteley oo-ramam lazeum

I'll call you if there's a change of plan
programda bir değişiklik olursa seni ararım
programda bir de-ishiklik oloorsa seni arareum

are you going to eat beforehand?
önceden yemek yiyecek misin?
eunjeden yemek yiyejek misin?

sorry I'm late
özür dilerim, geciktim
euzuur dilerim, getch kaldeum

Understanding

sence uygun mu?
is that OK with you?

saat sekiz gibi gelip seni alırım
I'll come and pick you up about 8

seninle orada buluşuruz
I'll meet you there

...in önünde buluşabiliriz
we can meet outside ...

yarın beni araman için telefon numaramı vereyim
I'll give you my number and you can call me tomorrow

Some informal expressions

ağzım kurudu, hadi gidip bir şeyler içelim I have a mouth like a sandpit, let's go and have a drink

karnım zil çalıyor, şurda bir şeyler atıştıralım my stomach's rumbling, let's have a bite to eat here

---

FILMS, SHOWS AND CONCERTS

Expressing yourself

is there a guide to what's on?
gösteri programı var mı
geusteri programeuh var meuh?

I'd like three tickets for ...
... için üç bilet, lütfen
... itchin uutch bilet, luutfen

two tickets, please
iki bilet, lütfen
iki bilet, luutfen

it's called ...
adı ...
adeuh ...

I've seen the trailer
fragmanlarını görmüştüm
fragmanlareuneuh geurmuushtuum

what time does it start?
saat kaçta başlıyor?
sah-at katchta bashleuyor?

I'd like to go and see a show
bir gösteriye gitmek istiyorum
bir geusteriyey gitmek istiyoroom

I'll find out whether there are still tickets available
hala bilet var mı öğreneyim
hahla bilet var meuh euh-reneyim

do we need to book in advance?
önceden yer ayırtmamız gerekli mi?
eunjeyden yai ayeurtmameuz gerekli mee?

how long is it on for?
ne kadar süre gösterimde?
ne kadar suure geusterimde?

are there tickets for another day?
başka bir gün için bilet var mı?
bashka bir guun itchin bilet var meuh?

I'd like to go to a bar with some live music
canlı müzik yapan bir bara gitmek istiyorum
anleuh muuzik yapan bir bara gitmek istiyoroom

are there any free concerts?
bedava konser var mı?
bedava konser var meuh?

what sort of music is it?
ne tür müzik ?
ne tuur muuzik?

GOING OUT

Understanding

... den itibaren sinemalarda	on general release from ...
gişe	box office
matine	matinée
rezervasyonlar	bookings
sanat filmi	arthouse cinema
sınırlı gösterim	restricted view

açık hava konseri
it's an open-air concert

çok iyi eleştiriler aldı
it's had very good reviews

gelecek hafta gösterime giriyor
it comes out next week

akşam saat sekizde AFM'de gösterimde
it's on at 8pm at the AFM

o seans kapalı gişe
that showing's sold out

... e kadar bilet yok
it's all booked up until ...

önceden yer ayırtmaya gerek yok
there's no need to book in advance

ara dahil, oyun bir buçuk saat sürüyor
the play lasts an hour and a half, including the interval

lütfen cep telefonunuzu kapatınız
please turn off your mobile phones

PARTIES AND CLUBS

Expressing yourself

I'm having a little leaving party tonight
bu akşam ufak bir veda partisi veriyorum
bu aksham oofak bir veda partisi veriyoroom

should I bring something to drink?
içecek bir şeyler getireyim mi?
itchejek bir sheylair getireyim mee?

we could go to a club afterwards
sonrasında diskoya gidebiliriz
sonraseunda diskoya gidebiliriz

do you have to pay to get in?
giriş paralı mı?
girish paraleuh meuh?

I have to meet someone inside
içeride birisiyle buluşmam lazım
itcheridey birisiyley boolooshmam lazeum

will you let me back in when I come back?
geri geldiğimde beni tekrar içeri alacak mısınız?
geri geldi-imdey beni tekrar itcheri alajak meuseuneuz?

the DJ's really cool	**do you come here often?**
DJ olaya çok hakim	buraya sık gelir misin?
DJ olaya tchok hakim	*buraya seuk gelir misin?*

can I buy you a drink?
sana bir içki alabilir miyim?
sana bir itchki alabilir miyim?

thanks, but I'm with my boyfriend
teşekkürler, ama erkek arkadaşımla beraberim
teshek–kuurlair, ama erkek arkadasheumla beraberim

no thanks, I don't smoke
hayır teşekkürler, sigara içmem
hayeur teshek–kuurlair, sigara itchmem

Understanding

bedava içki	free drink
vestiyer	cloakroom
gece yarısından sonra yirmi lira	20 YTL after midnight

Ceren'lerde parti var	**dans etmek ister misin?**
there's a party at Ceren's place	do you want to dance?
sana bir içki alabilir miyim?	**ateşin var mı?**
can I buy you a drink?	have you got a light?
sigaran var mı?	**tekrar görüşebilir miyiz?**
have you got a cigarette?	can we see each other again?
seni eve bırakabilir miyim?	
can I see you home?	

TOURISM AND SIGHTSEEING

There are tourist information offices in all big cities. They are usually open daily until 5 or 5.30pm, sometimes later in summer.

Museums charge an entrance fee and are usually closed one day a week (mainly Mondays). Opening hours vary, but are generally from about 9.30am to 5.30pm.

You are welcome to visit any mosque. You should remove your shoes, and women should cover their head with a scarf and avoid exposing their legs or arms. Men should not wear shorts.

Most tourist hotels of four stars and over have a modern Turkish bath (**hamam**) on their own premises. If you are travelling with a tour group, it might also be on your itinerary to visit a historical bath house or two. You can also plan your own visit to a local **hamam**. Normally, day time is for women and after 5pm is for men.

The basics

ancient	tarihi *tarihi*
antique	antika *antika*
area	bölge *beulgey*
castle	şato *shatoh*
century	yüzyıl *yuuzyeul*
church	kilise *kilisey*
citadel	kale *kaley*
exhibition	sergi *sergi*
gallery	galeri *galeri*
modern art	modern sanat *modairn sanat*
mosque	cami *jami*
museum	müze *muuzey*
painting	tablo *tabloh*

palace	saray _saray_
park	park _park_
ruins	kalıntılar _kaleunteular_
sculpture	heykel _heykel_
statue	heykel _heykel_
street map	sokak haritası _sokak haritaseuh_
synagogue	sinagog _sinagog_
tour guide	tur rehberi _toor rehberi_
tourist	turist _toorist_
tourist information centre	turizm bürosu _toorizm buurosoo_
town centre	şehir merkezi _shehir merkezi_

Expressing yourself

I'd like some information on …
… hakkında bilgi almak istiyorum
… hak–keunda bilgi almak istiyoroom

can you tell me where the tourist information centre is?
turizm bürosunun yerini tarif edebilir misiniz?
toorizm buurosoonoon yerini tarif edebilir misiniz?

do you have a street map of the town?
sizde şehir haritası bulunur mu?
sizdey shehir haritaseuh booloonoor moo?

I was told there's an old mosque you can visit
görülebilecek eski bir cami olduğunu söylemişlerdi
geuruuleybileyjek eski bir jami oldoo-oonoo seuylemishlairdi

can you show me where it is on the map?
haritada yerini gösterebilir misiniz?
haritada yerini geusterebilir misiniz?

how do you get there?
oraya nasıl gidebilirim?
oraya naseul gideybilirim?

is it free?
ücretsiz mi?
uujretsiz mi?

when was it built?
ne zaman inşa edilmiş?
ne zaman insha edilmish?

Understanding

açık	open
buradasınız	you are here *(on a map)*
eski kent/şehir	old town
giriş ücretsiz	free admission
Helenistik	Hellenistic
işgal	invasion
kapalı	closed
orta çağa ait/orta çağ zamanından	medieval
Osmanlı	Ottoman
rehberli tur	guided tour
restorasyon çalışması	restoration work
Romalı	Roman
savaş	war
yenileme	renovation

oraya vardığınızda tekrar sorun
you'll have to ask when you get there

bir sonraki rehberli tur saat ikide
the next guided tour starts at 2 o'clock

MUSEUMS, EXHIBITIONS AND MONUMENTS

Expressing yourself

I've heard there's a very good ... exhibition on at the moment
bugünlerde çok iyi bir ... sergisi varmış
booguunlerdey tchok iyi bir ... sergisi varmeush

how much is it to get in?
giriş ücreti ne kadar?
girish uujreti ney kadar?

is this ticket valid for the exhibition as well?
bu bilet sergi için de geçerli mi?
boo bilet sergi itchin dey getcherli mi?

are there any discounts for young people?
gençler için indirim var mı?
genchlair itchin indirim var meuh?

two concessions and one full price, please
iki indirimli bir de tam bilet, lütfen
iki indirimli bir dey tam bilet, luutfen

I have a student card
öğrenci kimliğim var
eu-renji kimli-im var

is it open on Sundays?
pazar günleri açık mı?
pazar guunlairi atcheuk meuh?

Understanding

bilet gişesi	ticket office
bu taraftan	this way
flaş kullanmayınız	no flash photography
geçici sergi	temporary exhibition
lütfen dokunmayınız	please do not touch
resim çekmeyiniz	no photography
sessiz olun lütfen	silence, please
sürekli sergi	permanent exhibition

müze giriş ücreti ... tutuyor
admission to the museum costs ...

öğrenci kimliğiniz yanınızda mı?
do you have your student card?

bu biletle sergiyi de gezebilirsiniz
this ticket also allows you access to the exhibition

GIVING YOUR IMPRESSIONS

Expressing yourself

it's beautiful
güzeldi
guuzel

it was beautiful
güzel
guuzeldi

it's fantastic
harikaydı
harika

it was fantastic
harika
harikaydeuh

I really enjoyed it
gerçekten çok beğendim
gertchekten tchok bey-endim

I didn't like it that much
çok fazla beğenmedim
tchok fazla bey-enmedim

it was a bit boring
biraz sıkıcıydı
biraz seukeujeuydeuh

it's expensive for what it is
bunun için çok pahalı
bunoon itchin tchok pahaleuh

I'm not really a fan of modern art
modern sanata pek meraklı değilimdir
modairn sanata pek merakleuh dey-ilimdir

it's very touristy
çok fazla turistik
tchok fazla tooristik

it was really crowded
çok kalabalıktı
tchok kalabaleukteuh

we didn't go in the end, the queue was too long
en sonunda gitmedik, çok fazla sıra vardı
en sonoonda gitmeydik, tchok fazla seura vardeuh

we didn't have time to see everything
herşeyi görmeye zamanımız yoktu
hersheyi geurmeyey zamaneumeuz yoktoo

Understanding

geleneksel	traditional
resim gibi	picturesque
tipik	typical
ünlü	famous

gerçekten de gidip görmelisiniz …
you really must go and see …

… 'e gitmeyi öneriyorum
I recommend going to …

şehrin tepeden harika bir manzarası var
there's a wonderful view over the whole city

biraz fazla turistik oldu
it's become a bit too touristy

sahil tamamen bozulmuş
the coast has been completely ruined

SPORTS AND GAMES

Football is without a doubt the major spectator sport in Turkey. The performances of the three major teams (**Galatasaray**, **Fenerbahçe** and **Beşiktaş**, all based in Istanbul) are discussed avidly and every win is celebrated in the streets.

If you like hiking you will have to find your own way around, as with the exception of the Lycian Way between Antalya and Fethiye, there are no marked paths or walkers' paths in Turkey. The idea of walking for pleasure is limited to going for a stroll with the family in the evenings in summer. There are few swimming pools, except for those in hotels, and cycling is rare. Sailing fans, on the other hand, will find plenty to do: there are numerous marinas and a large selection of islands to visit in the Aegean and Marmara Seas.

Tavla (similar to backgammon) is Turkey's favourite board game. People also play dominoes, chess and draughts (though the rules for this game are slightly different to ours).

The basics

ball	top *top*
basketball	basketbol *basketbol*
cards	oyun kağıdı *oyoon ka-eudeuh*
chess	satranç *satrantch*
cycling	bisiklete binmek *bisikletey binmek*
football	futbol *footbol*
hiking path	yürüyüş yolu *yuuruuyuush yolu*
match	maç *match*
pool	havuz *havooz*
rugby	ragbi *ragbi*
ski	kayak yapmak *kayak yapmak*
snowboarding	kızakla kaymak *keuzakla kaymak*
sport	spor *spor*

surfing	sörf yapmak *seurf yapmak*
swimming	yüzmek *yuuzmek*
swimming pool	yüzme havuzu *yuuzme havoozoo*
table football	langırt *langeurt*
tennis	tenis *tenis*
trip	yolculuk *yoljoolook*
to go hiking	yürüyüşe gitmek *yuuruuyuushey gitmek*
to have a game of ...	... oyunu oynamak *... oyoonoo oynamak*
to play	oynamak *oynamak*

Expressing yourself

I'd like to hire ... for an hour
bir saatliğine ... kiralamak istiyorum lütfen
bir sah-atli-ine ... kiralamak istiyoroom luutfen

are there ... lessons available?
... dersi veriyor musunuz?
... dersi veriyor moosoonooz?

how much is it per person per hour?
saati kişi başına ne kadar?
sah-ati kishi basheuna ney kadar?

I'm not very sporty
pek sportif değilimdir
pek sportif de-ilimdir

I've never done it before
daha önce hiç yapmadım
daha eunjey hitch yapmadeum

I've done it once or twice, a long time ago
uzun zaman önce bir ya da iki kez yaptım
oozoon zaman eunjey bir ya da iki kez yapteum

I'm exhausted!
çok yoruldum
tchok yorooldoom

we played ...
... oynadık
... oynadeuk

I'd like to go and watch a football match
gidip bir futbol maçı izlemek istiyorum
gidip bir footbol matcheuh izlemek istiyoroom

shall we stop for a picnic?
piknik yapmak için duralım mı?
piknik yapmak itchin dooraleum meuh?

kiralık   for hire

daha önce oynadınız mı yoksa yeni mi başlıyorsunuz?
do you have any experience, or are you a complete beginner?

... kapora vermeniz gerekiyor   **sigorta mecburi ve ... tutuyor**
there is a deposit of ...   insurance is compulsory and costs ...

HIKING

Expressing yourself

are there any hiking paths around here?
buralarda yürüyüş yolu var mı?
booralarda yuuruuyuush yoloo var meuh?

how long does the hike take?   **where's the start of the path?**
yürüyüş ne kadar sürüyor?   yolun başı nerede?
yuuruuyuush ney kadar suuruuyor? *yoloon basheuh neredey?*

is the path waymarked?
yol levhalarla işaretli mi?
yol levhalarla isharetli mi?

Understanding

yol aşağı yukarı üç saat sürüyor
it's almost a three-hour walk

yağmurluk ve yürüyüş ayakkabısı getirin
bring a waterproof jacket and some walking shoes

FOOTBALL

Expressing yourself

does anyone have a football?
futbol topu olan var mı?
footbol topoo olan var meuh?

which team do you support?
hangi takımı tutuyorsun?
hangi takeumeuh tootooyorsoon?

I support ...
.... 'i tutuyorum
... 'i tootooyoroom

there's a game at the weekend, will you come?
haftasonu maç var, gelir misin?
haftasonu match var, gelir misin?

we need four more players
dört adama daha ihtiyacımız var
deurt adama daha ihtiyajeumeuz var

can I join the team too?
takıma ben de katılabilir miyim?
takeuma ben dey kateulabilir miyim?

how much is a ticket for the Fenerbahçe-Trabzonspor game?
Fenerbahçe-Trabzonspor maçına bir bilet kaç para?
fenairbahtchey-trabzonspor matchina bir bilet katch para?

they're showing the World Cup at the hotel
otelde dünya kupasını gösteriyorlar
oteldey duunya kupaseuneuh geusteriyorlar

I saw the highlights of the game, it was incredible
maçın özet görüntülerini izledim, çok müthişti
matchin euzet geuruuntuulerini izledim, tchok muut-hishti

Understanding

hakem taraf tutuyordu
the referee was biased

şike var dediler ama bence karşı takım iyi oynadı
they say the game was fixed, but I think the opposition played well

SKIING AND SNOWBOARDING

Expressing yourself

I'd like to hire skis, poles and boots
kayak takımı ve bot kiralamak istiyorum
kayak takeumeuh vey bot kiralamak istiyoroom

I'd like to hire a snowboard
kızak kiralamak istiyorum
keuzak kiralamak istiyoroom

they're too big/small
bunlar çok büyük/ küçük
boonlar tchok buuyuuk/kuutchuuk

a day pass
bir günlük geçiş
bir guunluuk getchish

I'm a complete beginner
ben ilk defa yapıyorum
ben ilk defa yapeuyoroom

Understanding

kayak teleferiği	ski lift
teleferik pasasosu	lift pass
telesiyej	chair lift
T-kolu	T-bar

OTHER SPORTS

Expressing yourself

where can we hire bikes?
nereden bisiklet kiralayabiliriz?
nereden bisiklet kiralayabiliriz?

are there any cycle paths?
bisiklet yolu var mı?
bisiklet yoloo var meuh?

is there an open-air swimming pool?
açık yüzme havuzu var mı?
atcheuk yuuzmey havoozoo var meuh?

I've never been diving before
daha önce hiç dalış yapmadım
daha eunjey hitch daleush yapmadeum

I'd like to take beginners' sailing lessons
yeni başlayanlar için yelken dersi almak istiyorum
yeni bashlayanlar itchin yelken dersi almak istiyoroom

I run for half an hour every morning
her sabah yarım saat koşarım
her sabah yareum sah-at koshareum

what do I do if the kayak capsizes?
kayak ters dönerse ne yapmalıyım?
kayak ters deunersey ney yapmaleuyeum?

Understanding

istasyonun yakınında halka açık bir tenis kortu var
there's a public tennis court not far from the station

tenis kortu dolu
the tennis court's occupied

ilk defa mı ata biniyorsunuz?
is this the first time you've been horse-riding?

yüzme biliyor musunuz?   **basketbol oynar mısınız?**
can you swim?   do you play basketball?

INDOOR GAMES

Expressing yourself

shall we have a game of cards?
kağıt oynayalım mı?
kah-eut oynayaleum meuh?

does anyone know any good card games?
iyi bir kağıt oyunu bilen var mı?
iyi bir kah-eut oyoonoo bilen var meuh?

is anyone up for a game of Monopoly®?
monopoli oynamak isteyen var mı?
monopoli oynamak isteyen var meuh?

I want to buy a backgammon set
tavla takımı almak istiyorum
tavla takeumeuh almak istiyoroom

it's your turn
sıra sende
seurah sendey

Understanding

satranç oynamayı biliyor musunuz?
do you know how to play chess?

bir deste oyun kağıdınız var mı?
do you have a pack of cards?

tavla bilmiyorum, bana öğretir misin?
I don't know how to play backgammon, will you teach me?

Some informal expressions

çok yoruldum/yorgunluktan ölüyorum I'm absolutely knackered
beni mahvetti he totally thrashed me

SPORTS AND GAMES

SHOPPING

You can find basic necessities in one of the many grocery stores which are open every day until 10 or 11 at night. Cigarettes are available in grocery stores and from kiosks. Alcohol is sold in some grocery stores and in specialized shops, but can be hard to find in some parts of Turkey. There are few supermarkets.

Clothes shops in big cities are open all day until 9 or 10pm. Credit cards are accepted.

Bargaining only takes place in markets, in tourist shops and in bazaars (covered markets selling carpets, leather goods, jewellery etc). In the Grand Bazaar in Istanbul (**Kapalı Çarşı**, open Monday to Saturday until 7 pm), you can – and should – haggle for everything!

Some informal expressions

beş param yok I'm skint
çok kazık that's a rip-off!
çok ucuz it's a real bargain
dünyanın parası it costs an arm and a leg
ucuzluk prices slashed

The basics

bakery	fırın *feureun*
butcher's	kasap *kasap*
cash desk	nakit kasa *nakit kasa*
cheap	ucuz *oojooz*
checkout	kasa *kasa*
clothes	giysi *geeysi*
department store	büyük mağaza *buuyuuk mah-aza*
expensive	pahalı *pahaleuh*

gram	gram *gram*
greengrocer's	manav *manav*
hypermarket	hipermarket *heepairmarkeyt*
kilo	kilo *kilo*
present	hediye *hediye*
price	fiyat *fiyat*
receipt	fatura *fatoora*, fiş *feesh*
refund	geri ödeme *geri eudemeli*
sales	indirim *indirim*
sales assistant	satış elemanı *sateush elemaneuh*
shop	mağaza *mah-aza*
shopping centre	alışveriş merkezi *aleushverish merkezi*
souvenir	hatıra eşya *hateura eshya*
supermarket	süpermarket *soopermarkeyt*
to buy	(satın) almak *(sateun) almak*
to cost	tutmak *tootmak*
to pay	ödemek *eudemek*
to sell	satmak *satmak*

Expressing yourself

is there a supermarket near here?
buralarda süpermarket var mı?
booralarda soopermarkeyt var meuh?

where can I buy cigarettes?
nereden sigara alabilirim?
nereden sigara alabilirim?

I'd like ...
... istiyorum
... istiyoroom

I'm looking for ...
... arıyorum
... areuyoroom

do you sell ...?
... satıyor musunuz?
... sateuyor moosoonooz?

do you know where I might find some ...?
biraz ... nereden bulabilirim?
biraz ... nereden boolabilirim?

can you order it for me?
onu benim adıma sipariş verebilir misiniz?
onoo benim adeuma siparish verebilir misiniz?

how much is this?
bu kaç para?
boo katch para?

I'll take it
onu alıyorum
onoo aleuyoroom

I haven't got much money
çok param yok
tchok param yok

I haven't got enough money
yeterli param yok
yeterli param yok

that's everything, thanks
hepsi bu kadar, teşekkürler
hepsi boo kadar, teshek–kuurlair

can I have a (plastic) bag?
bir (naylon) poşet alabilir miyim?
bir (naylon) poshet alabilir miyim?

I think you've made a mistake with my change
sanırım yanlış para üstü verdiniz
saneureum yanleush para uustuu verdiniz

SHOPPING

Understanding

... den ... e kadar açık
open from ... to ...

indirim
sales

özel indirim
special offer

pazar günleri kapalı/öğlen bir ile üç arası
closed Sundays/1pm to 3pm

başka bir şey var mı?
will there be anything else?

poşet istiyor musunuz?
would you like a bag?

PAYING

Expressing yourself

where do I pay?
nereye ödüyorum?
nereyey euduuyoroom?

how much do I owe you?
size borcum ne kadar?
sizey borjoom ney kadar?

could you write it down for me, please?
onu benim için yazar mısınız, lütfen?
onoo benim itchin yazar meuhseuneuz, luutfen?

can I pay by credit card?
kredi kartıyla ödeyebilir miyim?
kredi karteuyla eudeyebilir miyim?

I'll pay in cash
nakit ödeyeceğim
nakit eudeyejey-im

I'm sorry, I haven't got any change
üzgünüm, hiç bozuk param yok
uuzguunuum, hitch bozook param yok

can I have a receipt?
fatura/fiş alabilir miyim?
fatoora/feesh alabilir miyim?

Understanding

nakit kasasına ödeyin
pay at the cash desk

nasıl ödemek istiyorsunuz?
how would you like to pay?

daha küçük olanı var mı?
do you have anything smaller?

kimliğiniz var mı?
have you got any ID?

burayı imzalar mısınız, lütfen?
could you sign here, please?

FOOD

Expressing yourself

where can I buy food around here?
buralarda nereden yiyecek alabilirim?
booralarda nereden yiyejek alabilirim?

is there a market?
market var mı?
markeyt var meuh?

is there a bakery around here?
buralarda fırın var mı?
booralarda feureun var meuh?

I'm looking for the cereal aisle
mısır gevreği bölümünü arıyorum
meuseur gevrey-i beuluumuunuu areuyoroom

I'd like five slices of salami
beş dilim salam istiyorum
besh dilim salam istiyoroom

I'd like some of that goat's cheese
şu keçi peynirinden biraz istiyorum
shoo ketchi peynirinden biraz istiyoroom

it's for four people
dört kişilik
deurt kishilik

about 300 grams
üç yüz gram kadar
uutch yuuz gram kadar

a kilo of apples, please
bir kilo elma, lütfen
bir kilo elma, luutfen

a bit less/more
biraz daha az/fazla
biraz daha az/fazla

can I taste it?
tadına bakabilir miyim?
tadeuna bakabilir miyim?

does it travel well?
seyahate dayanıklı mıdır?
seyahatey dayaneukleuh meuduer?

Understanding

evde yapılmış   homemade
organik   organic
şarküteri   delicatessen
son kullanma tarihi …   best before …
yöresel yiyecekler   local specialities

hergün öğlen bire kadar pazar var
there's a market every day until 1pm

hemen köşede geç saate kadar açık bir bakkal var
there's a grocer's just on the corner that's open late

CLOTHES

Expressing yourself

I'm looking for the menswear section
erkek giyim bölümünü arıyorum
erkek giyim beuluumuunuu areuyoroom

no thanks, I'm just looking
hayır teşekkürler, sadece bakıyorum
hayeur teshek–kuurlair, sadejey bakeuyoroom

can I try it on?
bunu deneyebilir miyim?
boonoo deneyebilir miyim?

I'd like to try the one in the window
vitrindekini denemek istiyorum
vitrindekini denemek istiyoroom

I take a size 39 *(in shoes)*
otuz dokuz numara giyiyorum
otooz dokooz noomara giyiyoroom

where are the changing rooms?
giyinme odası nerede?
giyinme odaseuh neredey?

it doesn't fit
bu beden olmuyor
boo beden olmooyor

it's too big/small
çok büyük/küçük
tchok buuyuuk/kuutchuuk

do you have it in another colour?
aynısından başka renkte var mı?
ayneuseundan bashka renktey var meuh?

do you have it in a smaller/bigger size?
aynısından daha küçük/büyük bedende var mı?
ayneuseundan daha kuutchuuk/buuyuuk bedendey var meuh?

do you have them in red?
bunların kırmızısı var mı?
boonlareun keurmeuzeuseuh var meuh?

yes, that's fine, I'll take them
evet, bu iyi, onları alıyorum
evet, boo iyi, onlareuh aleuyoroom

no, I don't like it
hayır, o hoşuma gitmiyor
hayeur, o hoshooma gitmiyor

I'll think about it
düşüneceğim
duushuunejey-im

I'd like to return this, it doesn't fit
bunu geri vermek istiyorum, bedeni olmuyor
boonoo geri vermek istoyoroom, bedeni olmooyor

this ... has a hole in it, can I get a refund?
bu ... de bir delik var, geri ödeme yapıyor musunuz?
boo ... dey bir delik var, geri euhdemey yapeuyor moosoonooz?

Understanding

çocuk giysisi	children's clothes
erkek giyim	menswear
giyinme odası	changing rooms
iç çamaşırı	lingerie
indirimli mallar geri alınmaz	sale items cannot be returned
kadın giyim	ladieswear
pazar günü açık	open Sunday

merhaba, yardım edebilir miyim?
hello, can I help you?

ondan sadece mavi ve siyahta var
we only have it in blue or black

o beden hiç kalmadı
we don't have any left in that size

size yakıştı	**iyi oturdu**
it suits you	it's a good fit

eğer bedeni olmazsa geri getirin
you can bring it back if it doesn't fit

SOUVENIRS AND PRESENTS

Expressing yourself

I'm looking for a present to take home
eve götürmek için bir hediye arıyorum
evey geutuurmek itchin bir hediyey areuyoroom

I'd like something that's easy to transport
taşıması kolay bir şey arıyorum
tasheumaseuh kolay bir shey areuyoroom

it's for a little girl of four
dört yaşında bir kız için
deurt yasheunda bir keuz itchin

could you gift-wrap it for me?
benim için hediye paketi yapar mısınız?
benim itchin hediyey paketi yapar meuhseuneuz?

Understanding

el yapımı	handmade
geleneksel yöntemlerle yapılmış ürün	traditionally made product
tahtadan/gümüşten/altından/ yünden yapılmış	made of wood/silver/gold/wool

kaç para harcayabilirsiniz?
how much do you want to spend?

hediye mi?	**bu yöreye ait tipik bir ürün**
is it for a present?	it's typical of the region

SHOPPING

PHOTOS

Many Turkish people have taken up amateur photography as a hobby, and it is not difficult to find several photo shops in every town. People who need their passport photo taken will go to a photo shop as well as getting their films developed, reprinted or transferred onto a CD there. Photo shops also provide video and CD recording services at weddings and circumcision ceremonies.

The basics

black and white	siyah beyaz *siyah beyaz*
camera	fotoğraf makinesi *foto-raf makinesi*
colour	renk *renk*
copy	kopya *kopya*
digital camera	dijital kamera *dizhital kamera*
disposable camera	kullan-at fotoğraf makinesi *kool–lan-at foto-raf makinesi*
exposure	maruz kalmak *marooz kalmak*
film	filim *filim*
flash	flaş *flash*
glossy	parlak *parlak*
matte	mat *maht*
memory card	hafıza kartı *hafeuza karteuh*
negative	negatif *negatif*
passport photo	vesikalık fotoğraf *vesikaleuk foto-raf*
photo booth	fotoğrafçı *foto-raftcheuh*
reprint	yeniden baskı *yeniden baskeuh*
slide	slayt *slahyt*
to get photos developed	fotoğraf tab ettirmek *foto-raf tab et–tirmek*
to take a photo/photos	fotoğraf çekmek *foto-raf tchekmek*

Expressing yourself

could you take a photo of us, please?
fotoğrafımızı çeker misiniz, lütfen?
foto-rafeumeuzeuh tcheker misiniz luutfen?

you just have to press this button
sadece bu tuşa basın
sadejey boo toosha baseun

I'd like a 36 Fuji colour film
otuzaltılık Fuji renkli filim istiyorum
otoozalteuleuk fooji renkli filim istiyoroom

do you have black and white films?
siyah beyaz filim var mı?
siyah beyaz filim var meuh?

how much is it to develop a film of 36 photos?
otuzaltılık filimi kaça tab ediyorsunuz?
otoozateuleuk filimi katcha tab ediyorsoonooz?

I'd like to have this film developed
bu filimi tab ettirmek istiyorum
boo filimi tab et–tirmek istiyoroom

I'd like extra copies of some of the photos
bazı fotoğrafların ekstra kopyalarını istiyorum
bazeuh foto-raflareun ekstra kopyalareuneuh istiyoroom

three copies of this one and two of this one
üç kopya bundan iki kopya bundan
uutch kopya boondan iki kopya boondan

can I print my digital photos here?
dijital makine fotoğraflarımı burada bastırabilir miyim?
dizhital makiney foto-raflareumeuh boorada basteurabilir miyim?

can you put these photos on a CD for me?
bu fotoğrafları CD yapabilir misiniz?
boo foto-raflareuh seedee yapabilir misiniz?

I've come to pick up my photos
fotoğraflarımı almaya geldim
foto-raflareumeuh almaya geldim

I've got a problem with my camera
fotoğraf makinemde bir sorun var
foto-raf makinemde bir soroon var

I don't know what it is
ne olduğunu bilmiyorum
ne oldoo-oonoo bilmiyoroom

the flash doesn't work
flaş çalışmıyor
flash tchaleushmeuyor

Understanding

expres baskı	express service
resimleriniz CDye aktarılır	photos on CD
standart boy	standard format

belki de pili bitmiştir
maybe the battery's dead

dijital baskı için makinemiz var
we have a machine for printing digital photos

isim neydi?
what's the name, please?

ne zamana istiyorsunuz?
when do you want them for?

bir saatte tab ederiz
we can develop them in an hour

fotoğraflarınız perşembe öğlene hazır olur
your photos will be ready on Thursday at noon

PHOTOS

BANKS	

Cash dispensers (ATMs) are found nearly everywhere and most of them have instructions in four languages including English. If you withdraw cash using your bank card, there is no charge, but your own bank back home is likely to charge commission. To exchange currency, the exchange rate is usually better if you go to a bureau de change (**döviz bürosu**) rather than a bank. Normally banks are open Monday to Friday between 9am and 5pm, but some close during the lunch hour. Some banks are open on Saturdays, too, in big cities. The new Turkish currency is called **Yeni Türk Lirası** – **YTL** for short. There are 100 **kuruş** in one **YTL**.

The basics

bank	banka *banka*
bank account	banka hesabı *banka hesabeuh*
banknote	banknot *banknot*
bureau de change	döviz bürosu *deuviz buurosoo*
cashpoint	bankamatik *bankamatik*
change	bozuk para *bozook para*
cheque	çek *tchek*
coin	madeni para *madeyni para*
commission	komisyon *komisyon*
credit card	kredi kartı *kredi karteuh*
PIN (number)	şifre *shifrey*
Travellers Cheques®	seyahat çeki *seyahat tcheki*
withdrawal	para çekme *para tchekmey*
to change	bozdurmak *bozdoormak*
to transfer	havale etmek *havaley etmek*
to withdraw	para çekmek *para tchekmek*

Expressing yourself

where I can get some money changed?
nerede para bozdurabilirim?
neredey para bozdoorabilirim?

are banks open on Saturdays?
bankalar cumartesileri açık mı?
bankalar joomartesilairi atcheuk meuh?

I'm looking for a cashpoint
bankamatik arıyorum
bankamatik areuyoroom

I'd like to change £100
yüz sterlin bozdurmak istiyorum
yuuz stairlin bozdoormak istiyoroom

what commission do you charge?
ne kadar komisyon alıyorsunuz?
ne kadar komisyon aleuyorsoonooz?

I'd like to transfer some money
biraz para havale etmek istiyorum
biraz para havaley etmek istiyoroom

I'd like to report the loss of my credit card
kredi kartımın kaybolduğunu rapor etmek istiyorum
kredi karteumeun kahyboldoo-oonoo rapor etmek istiyoroom

the cashpoint has swallowed my card
bankamatik kartımı yuttu
bankamatik karteumeuh yoot–too

Understanding

bir lira/bir milyon	one YTL
beş lira/beş milyon	five YTL
on lira/on milyon	ten YTL
yirmi lira/yirmi milyon	twenty YTL
elli lira/elli milyon	fifty YTL
yüz lira/yüz milyon	one hundred YTL
elli kuruş/beş yüz bin	fifty kuruş
yirmibeş kuruş/iki yüz elli bin	twenty-five kuruş
on kuruş/yüz bin	ten kuruş
beş kuruş/elli bin	five kuruş
bir kuruş/on bin	one kuruş

lütfen kartınızı yerleştiriniz
please insert your card

lütfen şifrenizi giriniz
please enter your PIN number

lütfen miktar giriniz
please select amount for withdrawal

makbuzlu para çekme
withdrawal with receipt

makbuzsuz para çekme
withdrawal without receipt

makbuz istiyor musunuz?
do you want a receipt?

lütfen istediğiniz miktarı seçiniz
please select the amount you require

hizmet dışı
out of service

POST OFFICES

You will see post offices signposted with the capital letters **PTT** printed on a yellow background in all town centres in Turkey. In tourist areas ordinary shops do sell stamps and envelopes, but they are usually over-priced. You can also buy these from stationer's-cum-bookshops called **kırtasiye**. It is better to go to a post office if you can and buy your stamps over the counter. On the postbox, **yurt dışı** is for letters to be sent abroad and **yurt içi** is for letters within Turkey. Post offices are also useful for exchanging currency and transferring money in small towns if there are no banks.

The basics

airmail	uçak postası *ootchak postaseuh*
envelope	zarf *zarf*
letter	mektup *mektoop*
parcel	paket *paket*
post	posta *posta*
postbox	posta kutusu *posta kootoosoo*
postcard	kartpostal *kart postal*
postcode	posta kodu *posta kodoo*
post office	postane *postaney*
stamp	pul *pool*
to mail	mektup atmak *mektoop atmak*
to post	postalamak *postalamak*
to send	göndermek *geundermek*
to write	yazmak *yazmak*

Expressing yourself

is there a post office around here?
buralarda postane var mı?
booralarda postaney var meuh?

is there a postbox near here?
yakında bir posta kutusu var mı?
yakeunda bir posta kootoosoo var meuh?

is the post office open on Saturdays?
postane pazarları açık mı?
postaney pazarlareuh atcheuk meuh?

what time does the post office close?
postane saat kaçta kapanıyor?
postaney sah-at katchta kapaneuyor?

do you sell stamps?
pul satıyor musunuz?
pool sateuyor moosoonooz?

I'd like ... stamps for the UK, please
İngiltere'ye ... tane pul istiyorum, lütfen
ingilterey'ye ... taney pool istiyoroom luutfen

how long will it take to arrive?
gitmesi ne kadar sürer?
gitmesi ney kadar suurair?

where can I buy envelopes?
nereden zarf alabilirim?
nereden zarf alabilirim?

is there any post for me?
bana hiç mektup var mı?
bana hitch mektoop var meuh?

Understanding

dikkatli taşıyınız	handle with care
gönderici	sender
ilk dağıtım	first collection
kırılır	fragile
son dağıtım	last collection

üç ile beş gün arasında sürer
it'll take between three and five days

INTERNET CAFÉS AND E-MAIL

Internet cafés can be found in most towns in Turkey. The connection is generally satisfactory and the cost is low, except in very touristic areas. In an Internet café, you can usually order tea or other non-alcoholic drinks. Out of school hours, you might be surrounded by children playing computer games, so it can be noisy. The QWERTY keyboard is used as in English-speaking countries, but with some Turkish letters added. You might find yourself typing ı rather than i, for example, and other Turkish letters on the keyboard (ç, ö, ü, ş) might confuse you a little.

The basics

at sign	et işareti *et ishareti*
copy	kopyala *kopyala*
cut	kes *kes*
delete	sil *sil*
download	yükle *yuukley*
e-mail	email *email*
e-mail address	email adresi *email adresi*
forward	ilet *ilet*
Internet café	internet kafe *internet kafey*
key	tuş *toosh*
keyboard	klavye *klavyey*
paste	yapıştır *yapeushteur*
receive	mesaj al *mesaj al*
save	kaydet *kaydet*
send	gönder *geundair*
to e-mail	mesaj at *mesaj at*

Expressing yourself

is there an Internet café near here?
buralarda internet kafe var mı?
buralarda internet kafey var meuh?

93

do you have an e-mail address?
email adresiniz var mı?
email adresiniz var meuh?

how do I get online?
nasıl bağlanabilirim?
naseul ba-lanabilirim?

I'd just like to check my e-mails
sadece mesajlarımı kontrol etmek istiyorum
sadejey mesazhlareumeuh kontrol etmek istiyoroom

would you mind helping me, I'm not sure what to do
bana yardım eder misiniz? Ne yapacağımı bilmiyorum
bana yardeum eder misiniz? ney yapaja-eumeuh bilmiyoroom

I can't find the at sign on this keyboard
klavyede et işaretini bulamıyorum
klavyedey et isharetini boolameuyoroom

there's something wrong with the computer, it's frozen
bilgisayarda bir problem var – bloke oldu
bilgisayarda bir problem var – blokey oldoo

it's not working
çalışmıyor
tchaleushmeuyor

when do I pay?
ne zaman ödüyorum?
ne zaman euduuyoroom?

how much will it be for half an hour?
yarım saati kaç para?
yareum sah-ati katch para?

Understanding

giden kutusu	outbox
posta kutusu	inbox

yirmi dakikalık bekleme var
you'll have to wait for 20 minutes or so

giriş için bu şifreyi girin
just enter this password to log on

eğer bilemiyorsanız lütfen sorun
just ask if you're not sure what to do

TELEPHONE

Turkish telephone numbers have seven digits, preceded by a three-digit area code. Precede this with a zero when dialling another area within Turkey. Mobile phone numbers have 11 digits.

To call Turkey from abroad, dial 00 90 followed by the area code (eg 212 for Istanbul) and the seven-digit phone number.

To call the UK from Turkey, dial 00 44 followed by the phone number, including the area code but omitting the first zero. The international dialling code for Ireland is 00 353, and for the US and Canada it is 001.

You can buy phone cards (in 30, 50 or 100 units) from kiosks, post offices or, sometimes, grocery stores, and these can be used for calls made in telephone boxes, post offices or telephone "offices" (easily recognizable by their **Türk Telekom** signs).

You can also use your own mobile phone in Turkey, but this can be expensive. Recently, private telephone "shops" have been launched in big cities and tourist resorts, and these can be the cheapest option for international calls.

The basics

answering machine	telesekreter *telesekretair*
call	görüşme *geuruushmey*
directory enquiries	bilinmeyen numaralar *bilinmeyen noomaralar*
hello	alo *alo*
international call	uluslararası arama *oolooslararaseuh arama*
local call	şehiriçi arama *shehirichi arama*
message	mesaj *mesazh*
mobile	cep telefonu *jep telefonoo*
national call	şehirlerarası arama *sheyhirlairaraseuh arama*
phone	telefon *telefon*
phone book	telefon rehberi *telefon rehberi*

phone box	telefon kulübesi *telefon kooloobesi*
phone call	telefon görüşmesi *telefon geuruushmesi*
phonecard	telefon kartı *telefon karteuh*
phone number	telefon numarası *telefon noomaraseuh*
ringtone	melodi *melodi*
telephone	telefon *telefon*
top-up card	hazır kart *hazeur kart*
Yellow Pages®	sarı sayfalar *sareuh sayfalar*
to call somebody	birini aramak *birini aramak*

Expressing yourself

where can I buy a phonecard?
nereden bir telefon kartı alabilirim?
nereden bir telefon karteuh alabilirim?

a ...-lira top-up card, please
... liralık hazır kart/telefon kartı, lütfen
... liraleuk hazeur kart/telefon karteuh, luutfen

I'd like to make a reverse-charge call
ödemeli arama yapmak istiyorum
eudemeli arama yapmak istiyoroom

is there a phone box near here, please?
buralarda bir telefon kulübesi var mi?
booralarda bir telefon kuuluubesi var meuh?

can I plug my phone in here to recharge it?
telefonumu bu pirizde şarj edebilir miyim?
telefonoomoo boo pirizde sharzh edebilir miyim?

do you have a mobile number?
cep telefonu numaran var mı?
jep telefonoo noomaraneuz var meuh?

where can I contact you?
seni nereden arayabilirim?
seni nereden arayabilirim?

did you get my message?
mesajımı aldın mı?
mesazheumeuh aldeun meuh?

Understanding

çevirdiğiniz numara eksik ya da yanlış
the number you have dialled has not been recognized

lütfen kare tuşuna basınız
please press the hash key

MAKING A CALL

Expressing yourself

hello, this is David Brown (speaking)
alo, ben David Brown
alo, ben david brown

hello, could I speak to ..., please?
alo, ... ile görüşebilir miyim, lütfen?
alo, ... iley geuruushebilir miyim, luutfen?

hello, is that Arzu?
alo, Arzu ile mi görüşüyorum?
alo, arzu iley mee geuruushuuyoroom?

do you speak English?
İngilizce biliyor musunuz?
ingilizjey biliyor moosoonooz?

could you speak more slowly, please?
daha yavaş konuşur musunuz lütfen?
daha yavash konooshoor moosoonooz luutfen?

I can't hear you, could you speak up, please?
duyamıyorum, daha yüksek sesle konuşur musunuz, lütfen?
dooyameuyoroom, daha yuuksek sesley konooshoor moosoonooz, luutfen?

could you tell him/her I called?
ona aradığımı söyler misiniz?
ona aradeuh-eumeuh seuyler misiniz?

could you ask him/her to call me back?
ona beni aramasını söyler misiniz?
ona beni aramseuneuh seuyler misiniz?

I'll call back later
daha sonra tekrar ararım
daha sonra tekrar arareum

my name is ... and my number is ...
adım ... ve numaram ....
adeum ... ve noomaram ...

do you know when he/she might be available?
ne zaman müsait olacağını biliyor musunuz?
ne zaman muusait olaja-euneuh biliyor moosoonooz?

thank you, goodbye
teşekkür ederim, hoşçakalın
teshek–kuur ederim, hoshtchakaleun

Understanding

kim arıyor(du)?
who's calling?

kendisi şu anda burada değil
he's/she's not here at the moment

aradığınızı söylerim
I'll tell him/her you called

bekleyin/hatta kalın
hold on

yanlış numara
you've got the wrong number

mesaj bırakmak ister misiniz?
do you want to leave a message?

sizi aramasını söylerim
I'll ask him/her to call you back

ayrılmayın, bağlıyorum
I'll just hand you over to him/her

PROBLEMS

Expressing yourself

I don't know the code
telefon kodunu bilmiyorum
telefon kodoonoo bilmiyoroom

there's no reply
cevap yok
jevap yok

it's engaged
meşgul
meshgool

I couldn't get through
numarayı düşüremedim
noomarayeuh duushuuremedim

I don't have much credit left on my phone
telefonumun kontörü az
telefonumun konteuruu az

we're about to get cut off
hat kesilmek üzere
hat kesilmek uuzere

the reception's really bad
bağlantı çok kötü
ba-lanteuh tchok keutuu

I can't get a signal
telefonum çekmiyor
telefonoom tchekmiyor

Understanding

sizi güçlükle duyuyorum
I can hardly hear you

bağlantı kötü
it's a bad line

hat kesildi/bağlantı koptu
the line went dead

Common abbreviations

iş = work (number)
ev = home (number)
cep = mobile (number)

Some informal expressions

arama yapmak to make a call
yüzüne kapatmak to hang up on somebody

HEALTH

It is easy to find a doctor in Turkey unless you are in a very remote place such as a mountain village. The building where a GP can be found is signposted on the surrounding roads with **Sağlık Ocağı**. Hospitals are signposted with a capital H on a dark blue background. You can visit a specialist surgeon in a **poliklinik** at a hospital during daily working hours. You can make an appointment in advance or go on the same day, depending on local arrangements. The casualty department in a hospital is signposted **ACİL SERVİS**. In an emergency you can call an ambulance by dialling 112. To treat minor colds, bruises, headaches, allergies and so on you can buy medicine as well as certain antibiotics and antihistamines without a prescription in a pharmacy. Pharmacies are open 9am to 8pm in most places. During the night and on Sundays there are emergency pharmacies. A list of these is displayed in the windows of all pharmacies and in local newspapers. If you are going to travel for a while in relatively remote regions of Turkey, make sure you get a hepatitis B vaccination and avoid drinking tap water or eating **çiğ köfte**, made from raw lamb mince.

The basics

allergy	alerji *alairzhee*
ambulance	ambulans *amboolans*
aspirin	aspirin *aspirin*
blood	kan *kahn*
broken	kırık *keureuk*
casualty (department)	acil servis *ajil servis*
chemist's	eczane *ejzaney*
condom	prezervatif *prezairvateef*
dentist	dişçi *dishtchi*
diarrhoea	ishal *is-hal*
doctor	doktor *doktor*
food poisoning	besin zehirlenmesi *besin zehirlenmesi*
GP	pratisyen doktor *pratisyen doktor*
gynaecologist	jinekolog *zhinekolog*
hospital	hastane *hastaney*

HEALTH

infection	enfeksiyon *enfeksiyon*
medicine	ilaç *ilatch*
painkiller	ağrı kesici *a-reuh kesiji*
periods	regl *reygl*
plaster	yara bandı *yara bandeuh*
rash	isilik *isilik*
spot	leke *lekey*
sunburn	güneş yanığı *guunesh yaneuh-euh*
surgical spirit	cerrahi solüsyon *jer–rahi soluusyon*
tablet	tablet *tablet*
temperature	ateş *atesh*
vaccination	aşı *asheuh*
x-ray	röntgen *reuntgen*
to disinfect	dezenfekte etmek *dezenfektey etmek*
to faint	bayılmak *bayeulmak*
to vomit	kusmak *koosmak*

Expressing yourself

does anyone have an aspirin/a tampon/a plaster, by any chance?
birinizde, şans eseri, aspirin/tampon/yara bandı var mı?
birinizdey, shans eseri, aspirin/tampon/yara bandeuh var meuh?

I need to see a doctor
bir doktora ihtiyacım var
bir doktora ihtiyajeum var

where can I find a doctor?
nerede bir doktor bulabilirim?
neredey bir doktor bulabilirim?

I'd like to make an appointment for today
bugüne bir randevu almak istiyorum
buguune bir randevoo almak istiyorum

as soon as possible
en kısa zamanda
en keusa zamanda

no, it doesn't matter
hayır, farketmez
hayeur, farketmez

can you send an ambulance to …
… 'e bir ambulans gönderir misiniz?
… 'ey bir amboolans geunderir misiniz?

I've broken my glasses
gözlüklerimi kırdım
geuzluuklerimi keurdeum

I've lost a contact lens
lenslerimden birini kaybettim
lenslairimden birini kaybet–tim

Understanding

acil servis	casualty department
muayenehane	doctor's surgery
reçete	prescription

perşembeye kadar randevu veremiyoruz
there are no available appointments until Thursday

cuma öğleden sonra saat 2 olur mu?
is Friday at 2pm OK?

AT THE DOCTOR'S OR THE HOSPITAL

Expressing yourself

I have an appointment with Dr ...
Dr ...'le randevum var
doktor ...'ley randeyvoom var

I don't feel very well
kendimi pek iyi hissetmiyorum
kendimi pek iyi his–setmiyorooom

I feel very weak
çok halsizim
tchok halsizim

I don't know what it is
nedir bilmiyorum
nedir bilmiyorooom

I've been bitten/stung by ...
bir ... tarafından ısırıldım/sokuldum
bir ... tarafeundan euseureuldeum/sokoooldoom

I've got a headache
başım ağrıyor
basheum a-reuyor

I've got toothache/stomachache
dişim/midem ağrıyor
dishim/midem a-reuyor

I've got a sore throat
boğazım ağrıyor
boh-azeum a-reuyor

my back hurts
sırtım acıyor
seurteum ajeuyor

it hurts
acıyor
ajeuyor

it hurts here
burası acıyor
booraseuh ajeuyor

102

I feel sick
kusmak istiyorum
koosmak istiyoroom

it's got worse
daha fenalaştı
daha fenalashteuh

it's been three days
üç gün oldu
uutch guun oldoo

it started last night
dün gece başladı
duun gejey bashladeuh

it's never happened to me before
daha önce hiç başıma gelmedi
daha eunjey hitch basheuma gelmedi

I've got a temperature
ateşim var
ateshim var

I have asthma
astımım var
asteumeum var

I have a heart condition
kalp rahatsızlığım var
kalp rahatseuzleuh-eum var

it itches
kaşınıyor
kasheuneuyor

**I've been on antibiotics for a week and I'm not getting any
   better**
bir haftadır antibiyotik kullanıyorum ve durumumda bir düzelme yok
*bir haftadeur antibiyotik kool-laneuyoroom vey dooroomoomda bir duuzelmey
   yok*

I'm on the pill/the minipill
doğum kontrol hapı kullanıyorum
doh-oom kontrol hapeuh kool-laneuyoroom

I'm ... months pregnant
... aylık hamileyim
... ahyleuk hamileyim

I'm allergic to penicillin
penisiline alerjim var
peynisiliney alerzhim var

I've twisted my ankle
ayak bileğimi incittim
ayak biley-imi injit-tim

I fell and hurt my back
düştüm ve sırtımı incittim
duushtuum vey seurteumeuh injit-tim

I've had a blackout
şuurumu kaybettim
shoo-ooroomoo kahybet-tim

I've lost a filling
dolgum düştü
dolgoom duushtuu

is it serious?
ciddi mi?
jid-di mee?

is it contagious?
bulaşıcı mı?
bulasheujeuh meuh?

HEALTH

103

how is he/she?
nasıl oldu?
naseul oldoo?

how much do I owe you?
borcum ne kadar?
borjoom ney kadar?

can I have a receipt so I can get the money refunded?
bana geri ödeme yapılması için bir makbuz verebilir misiniz?
bana geri eudemey yapeulmaseuh itchin bir makbooz verebilir misiniz?

Understanding

bekleme salonunda bekleyiniz, lütfen
if you'd like to take a seat in the waiting room

neresi acıyor?
where does it hurt?

buraya bastırınca acıyor mu?
does it hurt when I press here?

uzanın, lütfen
lie down, please

derince nefes alın
take a deep breath

... e karşı aşınız var mı?
have you been vaccinated against …?

... e alerjiniz var mı?
are you allergic to …?

herhangi başka bir ilaç kullanıyor musunuz?
are you taking any other medication?

size bir reçete yazacağım
I'm going to write you a prescription

bir kaç güne kadar hafiflemesi lazım
it should clear up in a few days

çabuk iyileşmesi lazım
it should heal quickly

ameliyat olmanız gerekecek
you're going to need an operation

bir hafta sonra gelin ve beni görün
come back and see me in a week

AT THE CHEMIST'S

Expressing yourself

I'd like a box of plasters, please
bir kutu yara bandı istiyorum, lütfen
bir kootoo yara bandeuh istiyoroom, luutfen

could I have something for a bad cold?
ağır üşüttüm, uygun bir ilaç var mı?
ah-eur uushuut–tuum, ooygoon bir ilatch var meuh?

I need something for a cough
öksürüğüm için bir ilaç lazım
euksuuruu-uum itchin bir ilatch lazeum

I'm allergic to aspirin
aspirine alerjim var
aspiriney alerzhim var

I need the morning-after pill
cinsel ilişki sonrası doğum kontrol hapı istiyorum
jinsel ilishki sonraseuh doh-oom kontrol hapeuh istiyoroom

I'd like to try a homeopathic remedy
bir homeopatik tedavi yöntemi denemek istiyorum
bir homeyopatik tedavi yeuntemee denemek istiyoroom

I'd like a bottle of solution for soft contact lenses
yumuşak kontak lensler için bir şişe solüsyon istiyorum
yoomooshak kontak lensair itchin bir shishey soluusyon istiyoroom

Understanding

fitil	suppositories
kapsül	capsule
kontraendikasyonları	contra-indications
krem	cream
merhem	ointment
reçete ile satılır	available on prescription only
şurup	syrup
tablet	tablet

toz	powder
uygula	apply
yan etkileri	possible side effects

günde üç defa yemeklerden once alınız
take three times a day before meals

Some informal expressions

yatağa çivilenmek to be stuck in bed
berbat hissetmek to feel rough
çok fena üşütmüşüm to have a stinking cold
şuurunu kaybetmek to pass out

PROBLEMS AND EMERGENCIES

The emergency numbers are: **110** for the fire brigade, **155** for the police and **112** for an ambulance. You can also call **154** specifically for the traffic police, or **153** for the municipal police.

The basics

accident	**kaza** *kaza*
ambulance	**ambulans** *amboolans*
broken	**kırık** *keureuk*
coastguard	**sahil güvenlik** *sahil guuvenlik*
disabled	**engelli** *engel–li*
doctor	**doktor** *doktor*
emergency	**acil durum** *ajil dooroom*
fire	**yangın** *yangeun*
fire brigade	**itfaiye** *itfaiye*
hospital	**hastane** *hastaney*
ill	**hasta** *hasta*
injured	**yaralı** *yaraleuh*
late	**geç** *getch*
police	**polis** *polis*

Expressing yourself

can you help me?
bana yardım eder misiniz?
bana yardeum eder misiniz?

be careful!
dikkat et!
dik–kat et!

fire!
yangın var!
yangeun var!

help!
imdat!
imdat!

it's an emergency!
acil durum!
ajil dooroom!

there's been an accident
bir kaza oldu
bir kaza oldoo

could I borrow your phone, please?
telefonunuzu ödünç alabilir miyim, lütfen
telefonoonoozoo eudoontch alabilir miyim, luutfen?

does anyone here speak English?
burada hiç kimse İngilizce konuşuyor mu?
boorada hitch kimse ingilizjey konooshooyor moo?

I need to contact the British consulate
İngiliz konsolosluğunu aramam lazım
ingiliz konsolosloo-oonoo aramam lazeum

where's the nearest police station?
en yakın karakol nerede?
en yakeun karakol neredey?

what do I have to do?
ne yapmam lazım?
ne yapmam lazeum?

my bag's been snatched
çantam gasp edildi
tchantam gasp edildi

my passport/credit card has been stolen
pasaportum/kredi kartım çalındı
pasaportoom/kredi karteum tchaleundeuh

I've lost …
… kaybettim
… kaybet–tim

I've been attacked
saldırıya uğradım
saldeureuya oo-radeum

my son/daughter is missing
oğlum/kızım kayıp
oh-loom/keuzeum kayeup

my car's been towed away
arabam çekildi
arabam tchekildi

I've broken down
arabam bozuldu
arabam bozooldoo

my car's been broken into
arabama hırsız girdi
arabama heurseuz girdi

there's a man following me
beni takip eden bir adam var
beni takip eden bir adam var

is there disabled access?
engelli girişi var mı?
engel–li girishi var meuh?

can you keep an eye on my things for a minute?
eşyalarıma bir dakika göz kulak olur musunuz?
eshyalareuma bir dakika geuz koolak oloor moosoonooz?

he's drowning, get help!
boğuluyor, yardım çağır!
bo-oolooyor, yardeum tchah-eur!

Understanding

acil durum çıkışı	emergency exit
bozuk	out of order
dağ kurtarma	mountain rescue
dikkat köpek var	beware of the dog
kayıp eşya	lost property
polis acil servis	police emergency services
tamirci	breakdown service

PROBLEMS, EMERGENCIES

POLICE

Expressing yourself

I want to report something stolen
çalınmış mal beyan etmek istiyorum
tchaleunmeush mal beyan etmek istiyoroom

I need a document from the police for my insurance company
sigorta şirketime vermek için polisten bir belgeye ihtiyacım var
sigorta sheerketimey vermek itchin polisten bir belgeyey ihtiyajeum var

Understanding

Filling in forms

soyad/soyisim	surname
ad/isim	first name
adres	address
posta kodu	postcode
ülke	country
uyruk/milliyet	nationality
doğum tarihi	date of birth
doğum yeri	place of birth
yaş	age
cinsiyet	sex
kalınacak süre	duration of stay
geliş tarihi	arrival date
ayrılış tarihi	departure date
meslek	occupation
pasaport numarası	passport number

bu eşya için gümrük vergisi ödemek gerekiyor
there's customs duty to pay on this item

bu çantayı açar mısınız, lütfen?
would you open this bag, please?

ne eksik?
what's missing?

bu ne zaman oldu?
when did this happen?

nerede kalıyorsunuz?
where are you staying?

onu tanımlayabilir misiniz?
can you describe him/her/it?

bu formu doldurur musunuz, lütfen?
would you fill in this form, please?

burayı imzalar mısınız, lütfen?
would you sign here, please?

Some informal expressions

aynasız cop
hücre, delik slammer, nick
deliğe tıkılmak to get nicked
çaldırmak to have something nicked

TIME AND DATE

The basics

after	sonra *sonra*
already	zaten *zaten*
always	her zaman *her zaman*
at lunchtime	öğleyin *euh-leyin*
at the beginning/end of	başında/sonunda *basheunda/sonoonda*
at the moment	şu anda *shoo anda*
before	önce *eunjey*
between ... and ...	... ile ... arasında *... iley ... araseunda*
day	gün *guun*
during	sırasında *seuraseunda*
early	erken *erken*
evening	akşam *aksham*
for a long time	uzun bir süre *oozoon bir suurey*
from ... to ...	... 'dan ... 'a *... dan ... a*
from time to time	zaman zaman *zaman zaman*
in a little while	kısa bir süre içinde *keusa bir suurey itchindey*
in the evening	akşam *aksham*
in the middle of	ortasında *ortaseunda*
last	son *son*
late	geç *getch*
midday	gün ortası *guun ortaseuh*
midnight	gece yarısı *gejey yareuseuh*
morning	sabah *sabah*
month	ay *ay*
never	asla *asla*
next	bir sonraki *bir sonraki*
night	gece *gejey*
not yet	henüz değil *henuuz dey-il*
now	şimdi *shimdi*
occasionally	ara sıra *ara seura*
often	sık sık *seuk seuk*
rarely	nadiren *nadiren*
recently	kısa zaman önce *keusa zaman eunjey*

since ...	... 'den beri ... *den beri*
sometimes	bazen *bazen*
soon	yakında *yakeunda*
still	hala *hala*
straightaway	derhal *derhal*
until	... e kadar ... *e kadar*
week	hafta *hafta*
weekend	hafta sonu *hafta sonoo*
year	yıl *yeul*

Expressing yourself

see you soon!
yakında görüşürüz!
yakeunda geuruushuuruuz!

see you later!
sonra görüşürüz!
sonra geuruushuuruuz!

see you on Monday!
pazartesi görüşürüz!
pazartesi geuruushuuruuz!

have a good weekend!
iyi hafta sonları!
iyi hafta sonlareuh!

sorry I'm late
özür dilerim geciktim
euzuur dilairim gejiktim

I haven't been there yet
henüz oraya gitmedim
henuuz oraya gitmedim

I haven't had time to ...
... e zamanım olmadı
... ey zamaneum olmadeuh

I've got plenty of time
çok vaktim var
tchok vaktim var

I'm in a rush
acelem var
ajelem var

hurry up!
çabuk ol!
tchabook ol!

just a minute, please
bir dakika, lütfen
bir dakika, luutfen

I had a late night
gece geç yattım
gejey getch yat—teum

I got up very early
çok erken kalktım
tchok erken kalkteum

I waited ages
çok uzun zaman bekledim
tchok oozoon zaman bekledim

I have to get up very early tomorrow to catch my plane
yarın uçağa yetişmek için çok erken kalkmalıyım
yareun utcha-a yetishmek itchin tchok erken kalkmaleuyeum

TIME AND DATE

we only have four days left
sadece dört günümüz kaldı
sadeyjey deurt guunuumuuz kaldeuh

THE DATE

How dates are written:

2 December 2006	2 Aralık 2006 günü
in 2006	2006 yılında
from 2005 to 2006	2005'ten 2006'a kadar
between 2005 and 2006	2005-2006 yılları arasında
BC	Milattan Önce (M. Ö.) or İsa'dan Önce (İ. Ö.)
AD	Milattan Sonra (M. S.) or İsa'dan Sonra (İ. S.)

Centuries can be written using Roman or Arabic numerals:

15th century	XV. yüzyıl (XV.yy) or 15. yy

The basics

... ago	... önce ... *eunjey*
at the beginning of	başında *basheunda*
at the end of	sonunda *sonoonda*
in the middle of	ortasında *ortaseunda*
in two days' time	iki güne kadar *iki guuney kadar*
last night	dün gece *duun gejey*
the day after tomorrow	öbür gün *eubuur guun*
the day before yesterday	önceki gün *eunjeki guun*
today	bugün *booguun*
tomorrow	yarın *yareun*
tomorrow morning/ afternoon/evening	yarın sabah/öğleden sonra/akşam *yareun sabah/euh-leden sonra/aksham*
yesterday	dün *duun*
yesterday morning/ afternoon/evening	dün sabah/öğleden sonra/akşam *duun sabah/euh-leden sonra/aksham*

Expressing yourself

I was born in 1975
bin dokuz yüz yetmiş beşte doğdum
bin dokooz yuuz yetmish beshtey doh-doom

I came here a few years ago
buraya birkaç yıl önce geldim
booraya birkatch yeul eunjey geldim

I spent a month in France last summer
geçen yaz Fransa'da bir ay kaldım
getchen yaz fransada bir ay kaldeum

I was here last year at the same time
geçen yıl da aynı zamanda buradaydım
getchen yeul da ayneuh zamanda booradaydeum

what's the date today?
bugünün tarihi nedir?
booguunuun tarihi nedir?

what day is it today?
bugün günlerden ne?
booguun guunlerden ney?

it's the 1st of May
bugün bir mayıs
booguun bir mahyeus

I'm staying until Sunday
pazara kadar kalıyorum
pazara kadar kaleuyoroom

we're leaving tomorrow
yarın gidiyoruz
yareun gidiyorooz

I already have plans for Tuesday
salı günü doluyum
saleuh guunuu dolooyoom

Understanding

bir kez/iki kez	once/twice
her gün	every day
her pazartesi	every Monday
saatte/günde üç kez	three times an hour/a day
pazartesi	Monday
salı	Tuesday
çarsamba	Wednesday
perşembe	Thursday
cuma	Friday
cumartesi	Saturday
pazar	Sunday

ondokuzuncu yüzyılın ortalarında inşa edilmiş
it was built in the mid-nineteenth century

yazın burası çok kalabalık olur
it gets very busy here in the summer

ne zaman gidiyorsunuz?
when are you leaving?

ne kadar kalacaksınız?
how long are you staying?

THE TIME

> **Telling the time:**
>
> When telling the time, the number of the hour is preceded by **saat** (hour):
>
> it's five o'clock **saat beş**
>
> For minutes past the hour, this is followed by the accusative suffix (see grammar section) + the number of minutes + **geçiyor** ("is passing"):
>
> it's ten past five **saat 5'i 10 geçiyor** (saat beşi on geçiyor)
>
> For minutes to the hour, use the suffix for direction towards + **var** ("there is/are"):

it's ten to five **saat 5'e 10 var** (*saat beşe on var*)

To say "half past", you simply add **buçuk** ("half") to the hour:

it's half past five **saat beş buçuk**

Some informal expressions

saat tam 2'de (ikide) at 2 o'clock on the dot
saat 8'i (sekizi) biraz geçiyor it's just gone 8 o'clock

The basics

early	erken *erken*
half an hour	yarım saat *yaruem sah-at*
in the afternoon	öğleden sonra *euh-leden sonra*
in the morning	sabah *saba*
late	geç *getch*
midday	gün ortası *guun ortaseuh*
midnight	gece yarısı *gejey yareuseuh*
on time	zamanında *zamaneunda*
quarter of an hour	onbeş dakika *on besh dakika*

Expressing yourself

three quarters of an hour kırk beş dakika *keurk besh dakika*
what time is it?
saat kaç?
sah-at katch?

excuse me, have you got the time, please?
affedersiniz, saat kaç, lütfen?
af–fedairsiniz, sah-at katch, luutfen?

it's exactly three o'clock **it's nearly one o'clock**
saat tam üç saat neredeyse bir
sah-at tam uutch *sah-at neredeysey bir*

it's ten past one **it's a quarter past one**
saat biri on geçiyor saat biri çeyrek geçiyor
sah-at biri on getchiyor *sah-at biri tcheyrek getchiyor*

TIME AND DATE

it's a quarter to one
saat bire çeyrek var
sah-at birey tcheyrek var

it's twenty past twelve
saat onikiyi yirmi geçiyor
sah-at onikiyi yirmi getchiyor

it's twenty to twelve
saat onikiye yirmi var
sah-at onikiyey yirmi var

it's half past one
saat bir buçuk
sah-at bir butchook

I arrived at about two o'clock
saat iki gibi vardım
sah-at iki gibi vardeum

I set my alarm for nine
saatimi dokuza kurdum
sah-atimi dokooza koordoom

I waited twenty minutes
yirmi dakika bekledim
yirmi dakika bekledim

the train was fifteen minutes late
tren onbeş dakika gecikti
tren onbesh dakika gejikti

I got home an hour ago
eve bir saat once vardım
evey bir sah-at eunjey vardeum

shall we meet in half an hour?
yarım saate kadar buluşalım mı?
yareum sah-atey kadar boolooshaleum meuh?

I'll be back in a quarter of an hour
onbeş dakikaya kadar dönerim
onbesh dakikaya kadar deunerim

there's a three-hour time difference between … and …
… ile … arasında üç saatlik zaman farkı var
… iley … araseunda uutch sah-atlik zaman farkeuh var

Understanding

sabah 10 akşam 4 arası açık
open from 10am to 4pm

tam saatlerde ve buçuklarda kalkıyor
departs on the hour and the half-hour

her akşam saat yedide var
it's on every evening at seven

yaklaşık bir buçuk saat sürüyor
it lasts around an hour and a half

sabah saat onda açılıyor
it opens at ten in the morning

Some informal expressions

sabah sabah rahatsız etmek
to disturb someone very early in the morning

sabahın köründe uyandırmak
to wake someone up in the early hours of the morning

tavuklar yatmadan uyumak
to go to bed too early ("even before the chickens go to sleep")

You will need to know numbers up to 12 for telling the time and numbers up to about a thousand for most shopping. In prices, the currency symbol **YTL** (**Yeni Türk Lirası**) is written after the figure (eg 350 YTL), but when sums are expressed in spoken Turkish only the word "lira" is used (thus, 350 YTL = **üç yüz elli lira**).

0	sıfır *seufeur*
1	bir *bir*
2	iki *iki*
3	üç *uutch*
4	dört *deurt*
5	beş *besh*
6	altı *alteuh*
7	yedi *yedi*
8	sekiz *sekiz*
9	dokuz *dokooz*
10	on *on*
11	onbir *onbir*
12	oniki *oniki*
13	onüç *onuutch*
14	ondört *ondeurt*
15	onbeş *onbesh*
16	onaltı *onalteuh*
17	onyedi *onyedi*
18	onsekiz *onsekiz*
19	ondokuz *ondokooz*
20	yirmi *yirmi*
21	yirmi bir *yirmi bir*
22	yirmi iki *yirmi iki*
30	otuz *otooz*
35	otuz beş *otooz besh*
40	kırk *keurk*
50	elli *el–li*

60	altmış *altmeush*
70	yetmiş *yetmish*
80	seksen *seksen*
90	doksan *doksan*
100	yüz *yuuz*
101	yüz bir *yuuz bir*
200	iki yüz *iki yuuz*
500	beş yüz *besh yuuz*
1000	bin *bin*
2000	iki bin *iki bin*
10000	on bin *on bin*
1000000	yüz bin *yuuz bin*

first	birinci *birinji*
second	ikinci *ikinji*
third	üçüncü *utchuunjuu*
fourth	dördüncü *deurduunjuu*
fifth	beşinci *beshinji*
sixth	altıncı *alteunjeuh*
seventh	yedinci *yedinji*
eighth	sekizinci *sekizinji*
ninth	dokuzuncu *dokoozoonjoo*
tenth	onuncu *onoonjoo*
twentieth	yirminci *yirminji*

NUMBERS

20 plus 3 equals 23
yirmi artı üç eşittir yirmi üç
yirmi arteuh uutch eshit–tir yirmi uutch

20 minus 3 equals 17
yirmi eksi üç eşittir onyedi
yirmi eksi uutch eshit–tir onyedi

20 multiplied by 4 equals 80
yirmi çarpı dört eşittir seksen
yirmi tcharpeuh deurt eshit–tir seksen

20 divided by 4 equals 5
yirmi bölü dört eşittir beş
yirmi beuluu deurt eshit–tir besh

DICTIONARY

ENGLISH-TURKISH

A

a a
able yapabilir; **to be able to** ebilmek/abilmek
about hakkında; **to be about to do** yapmak üzere
above üzerinde
abroad yurtdışı
accept kabul etmek
access giriş **109**
accident kaza **30**, **108**
accommodation konaklama
across karşı
adaptor adaptör
address adres
admission giriş
advance ilerlemek; **in advance** önceden
advice tavsiye; **to ask someone's advice** tavsiye istemek
advise tavsiye vermek
aeroplane uçak
after sonra
afternoon öğleden sonra
after-sun (cream) güneş sonrası kremi
again tekrar
against karşı
age yaş
air hava
air conditioning havalandırma

airline hava yolu
airmail uçak postası
airport havaalanı
alarm clock çalar saat
alcohol alkol
alive canlı
all hepsi; **all day** bütün gün; **all week** bütün hafta; **all the better** daha bile iyi; **all the same** aynı şey; **all the time** her zaman; **all inclusive** her şey dahil
allergic alerjik **47**, **103**, **105**
almost neredeyse
already zaten
also ayrıca
although rağmen
always herzaman
ambulance ambulans **101**
American Amerikalı
among arasında
anaesthetic anestezi
and ve
animal hayvan
ankle ayak bileği
anniversary yıldönüm
another başka bir
answer (n) yanıt
answer (v) yanıt vermek
answering machine telesekreter
ant karınca
antibiotics antibiyotik
anybody, anyone hiçkimse

anything hiçbirşey
anyway herneyse
appendicitis apendisit
appointment randevu; **to make an appointment** randevu almak **101**; **to have an appointment (with)** (ile) randevusu olmak **102**
April nisan
area alan; **in the area** alanında
arm kol
around çevre, etraf
arrange ayarlamak; **to arrange to meet** randevulaşmak
arrival varış
arrive varmak
art sanat
artist sanatçı
as gibi; **as soon as possible** mümkün olduğu kadar çabuk; **as well as** yanısıra
ashtray kül tablası **44**
ask sormak; **to ask a question** soru sormak
aspirin aspirin
asthma astım
at -de/-da
attack (v) saldırmak **108**
August ağustos
autumn sonbahar
available müsait
avenue bulvar
away uzak; **10 miles away** on mil uzakta

B

baby bebek
baby's bottle biberon
back sırt, arka; **at the back of** sırtında, arkasında

backpack sırt çantası
bad kötü, fena; **it's not bad** fena değil
bag çanta
baggage bagaj
bake fırında pişirmek
baker's fırıncı
balcony balkon
bandage bandaj
bank banka **89**
banknote banknot
bar bar
barbecue barbekü
bath banyo; **to have a bath** banyo yapmak
bathroom banyo
bath towel banyo havlusu
battery pil; (for car) akü **30**
be olmak
beach kumsal
beach umbrella güneş şemsiyesi
beard sakal
beautiful güzel
because çünkü; **because of** sebebiyle, yüzünden
bed yatak
bee balarısı
before önce
begin başlamak
beginner yeni başlayan
beginning başlangıç; **at the beginning** başlangıçta
behind arkasında
Belgium Belçika
believe inanmak
below aşağısı
beside yanında
best en iyi; **the best** en iyisi
better daha iyi; **to get better**

daha iyileşmek; **it's better
to ...** ... mek daha iyi olur
between arasında
bicycle bisiklet
bicycle pump bisiklet pompası
big büyük
bike bisiklete binmek
bill hesap, fatura 49
bin çöp bidonu
binoculars dürbün
birthday doğum günü
bit bir parça
bite (n) ısırık
bite (v) ısırmak 102
black siyah
blackout gözü kararmak,
  şuurunu kaybetmek
blanket battaniye
bleed kanamak
bless kutsamak; **bless you!** çok
  yaşa!
blind kör
blister nasır
blood kan
blood pressure kan basıncı
blue mavi
board binmek 25
boarding biniş
boat gemi
body vücut
book (n) kitap; **book of tickets**
  bilet koçanı
book (v) ayırtmak 23
bookshop kitapçı
boot bot; (of car) bagaj
borrow ödünç almak
botanical garden botanik
  bahçesi
both ikisi de; **both of us** ikimiz
  de

bottle şişe
bottle opener şişe açacağı
bottom alt, dip; **at the bottom**
  altta, dipte; **at the bottom of**
  altında, dibinde
bowl tas, çanak
bra sütyen
brake (n) fren
brake (v) fren yapmak
bread ekmek 47
break kırmak; **to break one's
  leg** bacağını kırmak
break down arızalanmak,
  bozulmak 30, 109
breakdown arıza, bozulma
breakdown service arıza/tamir
  servisi
breakfast kahvaltı 37; **to have
  breakfast** kahvaltı etmek
bridge köprü
bring getirmek
brochure broşür
broken kırık
bronchitis bronşit
brother erkek kardeş
brown kahverengi
brush fırçalamak
build inşa etmek
building bina
bump vuruk, darbe
bumper tampon, çamurluk
buoy can simidi, şamandıra
burn (n) yanık
burn (v) yakmak; **to burn
  oneself** kendini yakmak
burst (v) patlamak
burst (adj) patlak
bus otobüs 28
bus route otobüs güzergahı
bus station otogar

bus stop otobüs durağı
busy meşgul, kalabalık
but ama, fakat
butcher's kasap
buy satın almak **78**
by ile; **by car** arabayla
bye! hoşçakal!

C

café kafe
call (n) görüşme, telefon görüşmesi
call (v) telefon etmek; **to be called** telefonla aranmak
call back geri aramak **97, 98**
camera fotoğraf makinesi, kamera
camper kampçı
camping kamp yapma; **to go camping** kampa gitmek
camping stove kamp ocağı
campsite kamp alanı **40**
can (n) konserve kutusu
can (v) (verb)-ebilmek/abilmek; **I can** (verb)-ebilirim/abilirim; **I can come** gelebilirim; **I can't come** (verb)-emem/amam; **I can't come** gelemem
cancel iptal etmek
candle mum
can opener konserve açacağı
car araba
caravan karavan
card kart
car park otopark
carry taşımak
case: in case of ... ... durumunda
cash nakit; **to pay cash** nakit ödemek

cashpoint bankamatik **89**
castle kale
catch yakalamak
cathedral katedral
CD CD
cemetery mezarlık
centimetre santimetre
centre merkez **37**
century yüzyıl
chair sandalye
chairlift telesiyej
change (n) değişim; (money) bozuk para **79, 80**
change (v) değişmek
changing room soyunma odası
channel kanal
chapel mabet
charge (n) şarj
charge (v) fiyat istemek
cheap ucuz
check kontrol etmek
check in giriş yapmak
check-in giriş **25**
checkout ayrılış
cheers! şerefe!
chemist's eczane
cheque çek
chest göğüs
child çocuk
chilly serin
chimney baca
chin çene
church kilise
cigar puro
cigarette sigara
cigarette paper sigara kağıdı
cinema sinema
circus sirk
city şehir
clean (adj) temiz

clean *(v)* temizlemek
cliff uçurum
climate iklim
climbing dağcılık
cloakroom vestiyer
close *(v)* kapatmak
closed kapalı
closing time kapanış saati
clothes giysi
clutch *(n)* debriyaj
clutch *(v)* kavramak
coach şehirlerarası otobüs
coast kıyı, sahil
coathanger palto askısı
cockroach hamamböceği
coffee kahve
coil *(contraceptive)* sipiral
coin madeni para
Coke® kola
cold *(n)* soğuk; **to have a cold** soğuk almak
cold *(adj)* soğuk; **it's cold** hava soğuk; **I'm cold** üşüdüm
collection toplamak, koleksiyon
colour renk **82**
comb tarak
come gelmek
come back geri gelmek
come in içeri girmek
come out dışarı çıkmak
comfortable rahat
company şirket
compartment kompartman
complain şikayet etmek
comprehensive insurance full kasko **31**
computer bilgisayar
concert konser **61**
concert hall konser salonu
concession indirimli bilet **23**, **67**

condom prezervatif
confirm onaylamak **25**
connection aktarma, bağlantı **26**
constipated kabız
consulate konsolosluk **108**
contact *(n)* kontakt, bağlantı
contact *(v)* bağlantı kurmak **96**
contact lenses kontakt lens
contagious bulaşıcı
contraceptive gebelikten koruyucu
cook aşçı
cooked pişmiş
cooking yemek pişirme; **to do the cooking** yemeği yapmak
cool serin, soğuk
corkscrew tirbüşon
correct doğru
cost *(v)* tutmak
cotton pamuk
cotton bud kulak pamuğu
cotton wool pamuk ipi
cough *(n)* öksürük; **to have a cough** öksürüğü olmak
cough *(v)* öksürmek
count saymak
country ülke
countryside sayfiye, taşra
course: of course tabii
cover *(n)* kapak, örtü
cover *(v)* kapatmak, örtmek
credit card kredi kartı **35**, **49**, **80**, **89**
cross *(n)* çapraz, kesişen
cross *(v)* geçmek; **to cross the street** karşıya geçmek
cruise gemi yolculuğu
cry ağlamak
cup fincan
currency nakit para

customs gümrük
cut kesmek; **to cut oneself**
kendini kesmek
cycle path bisiklet yolu **74**

D

damaged zarar görmüş
damp nemli
dance (n) dans
dance (v) dans etmek
dangerous tehlikeli
dark karanlık; **dark blue** koyu
mavi
date (n) tarih; **out of date** tarihi
geçmiş
date (from) tarihinde
(tarihinden)
date of birth doğum tarihi
daughter kız (evlat)
day gün; **the day after
tomorrow** yarından sonra; **the
day before yesterday** dünden
önce
dead ölü
deaf sağır
dear değerli, kıymetli
debit card nakit avans kartı
December Aralık
declare beyan etmek, bildirmek
deep derin
degree (of temperature) derece
delay gecikme
delayed gecikmeli
deli mezeci ve şarküteri dükkanı
dentist dişçi
deodorant deodorant
department bölüm
department store büyük
mağaza

departure ayrılış, kalkış
depend bağlı olmak; **that
depends (on ...)** (... -e/-a) bağlı
deposit depozit, kapora
dessert tatlı **46**
develop geliştirmek; **to get a
film developed** filim tab ettirmek
86
diabetes şeker hastalığı
dialling code alan kodu
diarrhoea ishal; **to have
diarrhoea** ishal olmak
die ölmek
diesel dizel
diet rejim; **to be on a diet** rejim
yapmak
different (from ...) (... -den/
-dan) farklı
difficult zor
digital camera dijital fotoğraf
makinesi, dijital kamera
dinner akşam yemeği; **to have
dinner** akşam yemeği yemek
direct yönetmek, yön vermek
direction yön; **to have a good
sense of direction** yön duyusu
kuvvetli olmak
directory telefon rehberi
directory enquiries bilinmeyen
numaralar
dirty (adj) kirli, pis
disabled engelli **109**
disaster felaket
disco disko
discount indirim **67**; **to give
someone a discount** indirim
yapmak
discount fare indirimli fiyatı
dish yemek; **dish of the day**
günün yemeği

dishes bulaşıklar; **to do the dishes** bulaşıkları yıkamak
dish towel mutfak havlusu
dishwasher bulaşık makinesi
disinfect dezenfekte
disposable kullanılıp atılabilir
disturb rahatsız etmek; **do not disturb** rahatsız etmeyiniz
dive dalmak
diving dalgıçlık; **to go diving** dalmaya gitmek
do yapmak; **do you have a light?** ateşiniz var mı?
doctor doktor **101**
door kapı
door code kapı kodu
downstairs aşağıda
draught beer fıçı bira
dress elbise; **to get dressed** giyinmek
dressing sos, terbiye
drink (n) içki; **to go for a drink** içki içmeye gitmek **44, 58**; **to have a drink** içki içmek
drink (v) içmek
drinking water içme suyu
drive (n) **to go for a drive** arabayla gezmeye çıkmak
drive (v) araba kullanmak
driving licence ehliyet
drops damla
drown boğulmak
drugs uyuşturucu
drunk içkili
dry (adj) kuru
dry (v) kurutmak
dry cleaner's kuru temizlemeci
duck ördek
during boyunca, süresince; **during the week** hafta

boyunca, hafta içinde, hafta süresince
dustbin çöp kovası
duty chemist's nöbetçi eczane

E

each her; **each one** her biri
ear kulak
early erken
earplugs kulak tıkacı
earrings küpe
earth dünya, yeryüzü
east doğu; **in the east** doğuda; **(to the) east of** (doğusuna doğru) doğusu
Easter paskalya
easy kolay
eat yemek **44**
economy class ekonomi sınıfı
Elastoplast® yara bantı
electric elektrikli
electricity elektrik
electricity meter elektrik sayacı
electric shaver elektrikli traş makinesi
e-mail elektronik posta, email
e-mail address elektronik posta adresi, email adresi **18, 94**
embassy elçilik
emergency acil durum **108**; **in an emergency** acil durumda, acil durum halinde
emergency exit acil durum çıkışı
empty boş
end son; **at the end of** sonunda; **at the end of the street** sokağın sonunda

engaged *(busy)* meşgul; *(couple)* nişanlı
engine motor
England İngiltere
English İngiliz
enjoy hoşlanmak; **enjoy your meal!** afiyet olsun!; **to enjoy oneself** güzel vakit geçirmek
enough yeter; **that's enough** bu yeterli
entrance giriş
envelope zarf
epileptic saralı
equipment donatım, malzeme
espresso espreso kahve, italyan kahvesi
Eurocheque Avra çeki
Europe Avrupa
European Avrupalı
evening akşam; **in the evening** akşamleyin
every her; **every day** her gün
everybody, everyone herkes
everywhere heryer, heryerde
except hariç
exceptional istisnai
excess fazla
exchange para değişimi
exchange rate döviz kuru
excuse *(n)* bahane, mazeret, özür
excuse *(v)* özür dilemek; **excuse me** affedersiniz, özür dilerim
exhaust yormak
exhausted yorgun
exhaust pipe egzos borusu
exhibition sergi 66
exit çıkış
expensive pahalı
expiry date son kullanma tarihi

express *(adj)* ekspres, süratli
extra ekstra, fazladan
eye göz

face yüz
facecloth yüz havlusu
fact gerçek; **in fact** gerçekten
faint bayılmak
fair *(n)* fuar
fall *(v)* düşmek; **to fall asleep** uyuyakalmak; **to fall ill** hasta düşmek
family aile
fan vantilatör
far uzak; **far from ...** ... den uzak
fare bilet ücreti, yol parası
fast hızlı
fast-food restaurant fast-food salonu, hızlı yemek salonu
fat şişman
father baba
favour iyilik; **to do someone a favour** birisine iyilik yapmak
favourite en sevilen
fax faks
February şubat
fed up bıkmak; **to be fed up (with ...)** (... den) bıkmak
feel hissetmek 102; **to feel good/bad** iyi/kötü hissetmek
feeling duygu, his
ferry feribot
festival festival
fetch alıp getirmek; **to go and fetch someone/something** birisini/birşeyi alıp getirmek
fever ateş; **to have a fever** ateşi olmak

few birkaç
fiancé nişanlı
fiancée nişanlı
fight (n) kavga
fill doldurmak
fill in doldurmak
fill out doldurmak
fill up doldurmak; **to fill up with petrol** benzinle doldurmak
filling (in tooth) dolgu
film filim 86
finally en sonunda
find bulmak 19
fine (n) iyilik
fine (adj) iyi; **I'm fine** iyiyim
finger parmak
finish bitirmek
fire ateş; **fire!** yangın!
fire brigade itfaiye
fireworks havai fişek
first birinci; **first (of all)** öncelikle
first class birinci sınıf
first floor birinci kat
first name ad,isim
fish (n) balık
fish shop balık dükkanı
fitting room giyinme odası
fizzy gazlı
flash flaş
flask termos
flat (adj) düz; **flat tyre** patlak lastik
flat (n) düzlük
flavour tat
flaw defo, kusur
flight uçuş
flip-flops tokyo
floor taban, yer; **on the floor** yerde

flu nezle
fly (n) sinek
fly (v) uçmak
food yemek 80
food poisoning besin zehirlenmesi
foot ayak
for için; **for an hour** bir saat için
forbidden yasak
forecast hava durumu
forehead alın
foreign yabancı
foreigner yabancı
forest orman
fork çatal
former önceki
forward (adj) gelişmiş, ön, öncü
four-star petrol dört yıldızlı benzin
fracture kırık
fragile kırılgan, kırılır
France Fransa
free özgür
freezer buzluk, dondurucu
Friday Cuma
fridge buzdolabı
fried kızarmış
friend arkadaş
from ...den/dan; **from ... to ...** ... den/dan ... e/a
front ön; **in front of** önünde
fry kızartmak
frying pan kızartma tavası
full dolu; **full of ...** ... le/la dolu
full board tam pansiyon
full fare, full price tam bilet, tam ücreti 67
funfair lunapark
fuse sigorta

130

G

gallery galeri
game oyun
garage garaj
garden bahçe
gas gaz
gas cylinder tüp gaz
gastric flu gastrit, mide iltihabı, mide nezlesi
gate kapı
gauze tül, tülbent
gay eşcinsel
gearbox vites kutusu
general genel
gents' (toilet) erkek tuvaleti
Germany Almanya
get almak
get off ayrılmak **28**
get up kalkmak
gift wrap hediye paketi
girl kız
girlfriend kız arkadaş
give vermek
give back geri vermek
glass bardak; **a glass of water/of wine** bir bardak su/şarap
glasses gözlük
gluten-free gulutensiz
go gitmek; **to go to Izmir/to Kapadokya** İzmir'e/Kapadokya'ya gitmek; **we're going home tomorrow** yarın eve dönüyoruz
go away başından gitmek; **go away!** git başımdan!
go in içeri girmek
go out dışarı çıkmak
go with birlikte/ile gitmek
golf golf
golf course golf sahası

good iyi; **good morning** günaydın; **good afternoon** iyi günler; **good evening** iyi akşamlar
goodbye hoşçakal
goodnight iyi geceler
goods eşyalar, mallar
GP aile hekimi, doktor, pratisyen hekim
grams gram **81**
grass çim, çimen
great *(big)* büyük; *(wonderful)* harika
Greece Yunanistan
green yeşil
grey gri
grocer's bakkal
ground yer; **on the ground** yerde
ground floor zemin kat
ground sheet su geçirmez yer örtüsü
grow büyümek
guarantee garanti
guest misafir
guest house misafir evi
guide rehber **60**
guidebook rehber kitabı
guided tour rehberli tur
gynaecologist jinekolog

 H

hair saç
hairdresser kuaför
hairdrier saç kurutma makinesi
half yarım; **half a litre/kilo** yarım litre/kilo; **half an hour** yarım saat
half-board yarım pansiyon

hand el
handbag el çantası
handbrake el freni
handicapped engelli
handkerchief mendil
hand luggage el bagajı **25**
hand-made el yapımı
hangover akşamdan kalmalık
happen olmak
happy mutlu
hard sert
hashish haşhaş
hat şapka
hate nefret etmek
have almak; **to have to** (verb)-meli/malı; **I have to go** gitmeliyim
hay fever saman nezlesi
he o
head baş, kafa
headache başağrısı; **to have a headache** başı ağrımak
headlight far
health sağlık
hear duymak
heart kalp
heart attack kalp krizi
heat sıcaklık
heating ısıtma
heavy ağır
hello merhaba
helmet kask, miğfer
help (n) yardım; **to call for help** yardım istemek; **help!** imdat!
help (v) yardım etmek **107**
her ona; onu
here burası; **here is/are** burada
hers onunki
hi! selam!
hi-fi müzik seti

high yüksek
high blood pressure yüksek tansiyon
high tide yüksek dalga
hiking yürüyüş **72**; **to go hiking** yürüyüşe çıkmak/gitmek
hill tepe
hill-walking tepe yürüyüşü; **to go hill-walking** tepe yürüyüşüne çıkmak/gitmek
him ona; onu
himself kendisi
hip kalça
hire (n) kiralık
hire (v) kiralamak **30, 71**
his onun
hitchhike otostop
hitchhiking otostop yapmak
hold tutmak; **hold on!** (on the phone) hattan ayrılmayın!, hatta kalın!
holiday(s) tatil(ler); **on holiday** tatilde **17**
holiday camp tatil köyü
Holland Hollanda
home ev; **at home** evde; **to go home** eve gitmek
homosexual eşcinsel
honest dürüst
honeymoon balayı
horse at
hospital hastane
hot sıcak; **it's hot** (hava) sıcak; **hot drink** sıcak içecek
hot chocolate sıcak çikolata
hotel otel
hotplate sıcak meze
hour saat; **an hour and a half** bir buçuk saat
house ev

housework ev işi; **to do the housework** ev işi yapmak
how nasıl; **how are you?** nasılsın?
hunger açlık
hungry aç; **to be hungry** aç olmak
hurry *(n)* acele; **to be in a hurry** acele etmek, acelesi olmak; **are you in a hurry?** acelen mi var?
hurry (up)! acele et!
hurt acı 102; **it hurts** acıyor; **my head hurts** başım/kafam acıyor
husband koca

I

I ben; **I'm English** (ben) İngiliz'im; **I'm 22 (years old)** (ben) yirmi iki yaşındayım
ice buz
ice cube buz küpü
identity card kimlik kartı
identity papers kimlik belgeleri
if eğer
ill hasta
illness hastalık
important önemli
in içinde; **in England/2006** İngiltere'de/ikibin birde (2006'de); **in the 19th century** on dokuzuncu yüzyılda (19'uncu yüzyılda); **in an hour** bir saat içinde
included dahil 49
independent bağımsız
indicator gösterge
infection enfeksiyon, mikroplanma
information bilgi 65

injection enjeksiyon, iğne
injured yaralı
insect böcek
insecticide böcek ilacı
inside içinde
insomnia uykusuzluk
instant coffee hazır kahve
instead yerine; **instead of** *(noun)*-(n)ın yerine
insurance sigorta
intend to niyeti olmak; **I am intending to** niyetim var
international uluslararası
international money order uluslararası para havalesi
Internet internet
Internet café internet kafe 93
invite davet
Ireland İrlanda
Irish İrlandalı
iron *(n)* ütü
iron *(v)* ütü yapmak
island ada
it o; **it's beautiful** (o) güzel; **it's warm** (o) ılık
Italy İtalya
itchy kaşıntılı; **it's itchy** kaşınıyor
item adet, parça

J

jacket ceket
January ocak
jetlag uçak yorgunluğu
jeweller's kuyumcu
jewellery mücevher
job iş, meslek
jogging yavaş koşu
journey yolculuk

journalist gazeteci
jug sürahi
juice meyve suyu
July temmuz
jumper kazak
June haziran
just sadece; **just before/a little** az evvel/birazcık; **just one** sadece bir tane; **I've just arrived** şimdi geldim; **just in case** ne olur ne olmaz

---

K

kayak kayak
keep saklamak
key anahtar 39
kidney böbrek
kill öldürmek
kilometre kilometre
kind tür; **what kind of ...?** ne tür ...?
kitchen mutfak
knee diz
knife bıçak
knock down devirmek
know bilmek; **I don't know** bilmiyorum

L

ladies' (toilet) bayanlar tuvaleti
lake göl
lamp lamba
landmark sınır taşı
landscape peyzaj
language dil
laptop diz üstü bilgisayar
last (adj) geçen; **last year** geçen yıl

last (v) sürmek
late geç
late-night opening geç saate kadar açık
latte latte
laugh gülmek
launderette çamaşırhane
lawyer avukat
leaflet el ilanı
leak akıntı, sızıntı
learn öğrenmek
least en az; **the least** en azı; **at least** en azından
leave ayrılmak
left sol; **to the left (of)** soluna doğru
left-luggage (office) kayıp eşya bürosu
leg bacak
lend ödünç vermek
lens lens
lenses lensler
less daha az; **less than** (noun)-den/dan daha az
let izin vermek
letter mektup
letterbox posta kutusu
library kütüphane
life hayat, yaşam
lift asansör 37
light (adj) (not dark) açık; (not heavy) hafif; **light blue** açık mavi
light (n) ışık; **do you have a light?** ateşiniz var mı?
light (v) yakmak
light bulb ampul
lighter çakmak
lighthouse deniz feneri
like (adv) gibi

like (v) beğenmek, hoşlanmak **19**;
  I'd like … … istiyorum **8**
line çizgi
lip dudak
listen dinlemek
listings magazine sınıflandırılmış
  rehber
litre litre
little (adj) küçük
little (adv) az
live canlı
liver ciğer
living room oturma odası
local time yerel zaman
lock kilit
long uzun; **a long time** uzun
  zaman; **how long …?** ne kadar
  zaman …?
look görünmek; **to look tired**
  yorgun görünmek
look after gözetmek
look at bakmak
look for aramak
look like gibi görünmek
lorry kamyon
lose kaybetmek **108**; **to get
  lost** kaybolmak; **to be lost**
  kaybolmak **12**
lot tüm; **a lot (of)** çok
loud yüksek sesli
low alçak
low blood pressure düşük
  tansiyon
low-fat az yağlı
low tide alçak dalga
luck şans
lucky şanslı; **to be lucky** şanslı
  olmak
luggage bavul, valiz **25**, **26**
lukewarm ılık

lunch öğlen yemeği; **to have
  lunch** öğle yemeği yemek
lung akciğer
Luxembourg Lüksemburg
luxury (n) lüks
luxury (adj) lüks

M

magazine dergi, magazin
maiden name kızlık soyadı
mail posta
main ana
main course ana yemek
make yapmak
man adam
manage yönetmek; **to manage
  to do something** birşeyi
  becermek
manager yönetici
many çok sayıda; **how many?**
  kaç tane?; **how many times …?**
  kaç kere …?
map harita **12**, **28**, **59**, **65**
March mart
marina yat limanı
market market **80**
married evli
mass ayin
match (for fire) kibrit; (game)
  maç
material malzeme
matter mesele; **it doesn't
  matter** farketmez
mattress döşek, yatak
May mayıs
maybe belki
me bana; beni; **me too** ben
  de
meal yemek

mean demek; **what does ... mean?** ... ne demek?
meat et
medicine ilaç
medium orta; *(meat)* orta pişmiş et
meet buluşmak 59
meeting toplantı
member üye
menu menü
message mesaj 96
meter sayaç
metre metre
microwave mikrodalga
midday gün ortası
middle orta; **in the middle (of)** ortasında
midnight gece yarısı
might olası; **it might rain** yağmur yağabilir
mill değirmen
mind önemsemek; **I don't mind** bence farketmez
mine benimki
mineral water maden suyu
minister papaz
minute dakika; **at the last minute** son anda
mirror ayna
Miss bayan
miss kaçırmak 26, 28; **we missed the train** treni kaçırdık; **there are two ... missing** iki tane ... eksik
mistake yanlış; **to make a mistake** yanlış yapmak
mobile (phone) cep telefonu 96
modern çağdaş, modern
moisturizer nemlendirici

moment an; **at the moment** şimdi, şu anda
monastery manastır
Monday pazartesi
money para 88
month ay
monument anıt
mood ruh hali; **to be in a good/ bad mood** keyfi yerinde/keyfi kötü olmak
moon ay
moped mopet
more daha fazla; **more than** -den/dan (daha) fazla; **much more** çok daha fazla; **there's no more ...** ... daha yok
morning sabah
morning-after pill cinsel ilişki sonrası doğum kontrol hapı 105
mosque camii
mosquito sivrisinek
most en çok; **the most** en; **most people** çoğu insan
mother anne
motorbike motorsiklet
motorway otoyol
mountain dağ
mountain bike dağ bisikleti
mountain hut dağ kulübesi
mouse fare
mouth ağız
movie filim
Mr bay
Mrs bayan
much çok; **how much?** ne kadar?; **how much is it?** kaç para?
muscle kas
museum müze
music müzik

must zorunlu; **it must be 5 o'clock** saat beş olmalı; **I must go** gitmek zorundayım
my benim
myself kendim

N

nail tırnak
naked çıplak
name ad, isim; **my name is …** (benim) adım/ismim … 15
nap kısa uyku; **to have a nap** kestirmek
napkin peçete
nappy bebek bezi
national holiday ulusal tatil
nature doğa
near yakında; **near the beach** kumsala yakın; **the nearest …** en yakın …
necessary gerekli
neck boyun
need ihtiyaç
neighbour komşu
neither hiç biri; **neither do I** ben de; **neither … nor …** ne … ne …
nervous sinirli, ürkek
Netherlands Hollanda
never asla
new yeni
news haber
newsagent gazete bayii
newspaper gazete
newsstand gazeteci
next bir sonraki
New Year yeni yıl, yılbaşı
nice güzel, hoş
night gece 36

nightclub gece kulübü
nightdress gecelik
no hayır; **no, thank you** hayır, teşekkür ederim; **no idea** hiç fikrim yok
nobody hiç kimse
noise gürültü; **to make a noise** gürültü yapmak
noisy gürültülü
non-drinking water (bu su) içilmez
none hiç
non-smoker sigara içmeyen
noon öğlen
north kuzey; **in the north** kuzeyde; **(to the) north of** (kuzeyine doğru) kuzeyi
nose burun
not değil; **not yet** henüz değil; **not any** hiç; **not at all** bir şey değil
note not
notebook defter
nothing hiçbirşey
novel roman
November kasım
now şimdi
nowadays bugünlerde, şimdilerde
nowhere hiçbiryer
number numara
nurse hemşire

O

obvious aşikar, belli
ocean okyanus
o'clock saat; **one o'clock** saat bir; **three o'clock** saat üç
October ekim

of -(n)ın
offer öneri, teklif
often sık sık
oil yağ
ointment merhem
OK peki, tamam
old yaşlı; **how old are you?** kaç yaşındasın? **15**; **old people** yaşlı insanlar
old town eski şehir
on -de/da; **it's on at …** saat … -de/da yayınlanacak
once bir kez; **once a day/an hour** günde/saatte bir kez
one bir
only sadece, yalnızca
open (adj) açık **67**
open (v) açmak
operate çalıştırmak
operation ameliyat; **to have an operation** ameliyat olmak
opinion fikir, görüş; **in my opinion** bence, benim fikrime/görüşüme göre
opportunity fırsat, imkan, olanak
opposite (n) zıt
opposite (prep) karşısında
optician gözlükçü
or veya, ya da
orange portakal
orchestra orkestra
order (n) düzen; **out of order** bozuk
order (v) emretmek **46, 79**
organic canlı, organik
organize düzenlemek, organize etmek
other başka, diğer; **others** başkaları, diğerleri
otherwise aksi halde, yoksa

our bizim
ours bizimki
outside dışarısı
outward journey gidiş
oven fırın
over üzerinde; **over there** orada
overdone çok fazla pişmiş
overweight kilolu; **my luggage is overweight** bavulum/valizim fazla kilolu
owe borcu olmak **49, 79**
own (adj) kendi, öz; **my own car** kendi arabam
own (v) sahip olmak
owner sahip

pack paketlemek; **to pack one's suitcase** bavulunu/valizini yapmak
package holiday paket tatil
packed tıka basa dolu
packet paket
painting tablo
pair çift; **a pair of pyjamas** pijamalar; **a pair of shorts** şort
palace saray
pants külot
paper kağıt; **paper napkin** kağıt peçete; **paper tissue** kağıt mendil
parcel paket
pardon? pardon?
parents anne baba, ebeveyn
park (n) park
park (v) park etmek
parking space park yeri
part kısım/parça; **to be a part of** içinde olmak, katılmak, parçası olmak

party eğlenti, parti
pass *(n)* paso
pass *(v)* geçmek
passenger yolcu
passport pasaport
past geçmiş; **a quarter past ten** onu çeyrek geçe
path patika **72**
patient hasta
pay ödemek **79**, **80**
pedestrian yaya
pedestrianized street trafiğe kapalı sokak/yol
pee işemek
peel soymak
pen tükenmez kalem
pencil kurşun kalem
people insanlar
percent yüzde
perfect mükemmel
perfume parfüm
perhaps belki
periods aybaşı
person insan
personal stereo teyp
petrol benzin, petrol **30**
petrol station petrol istasyonu
phone *(n)* telefon
phone *(v)* telefon etmek
phone box telefon kulübesi **96**
phone call telefon görüşmesi; **to make a phone call** telefonla aramak
phonecard telefon kartı **96**
phone number telefon numarası
photo fotoğraf; **to take a photo (of)** fotoğraf çekmek **86**; **to take someone's photo** birisinin fotoğrafını çekmek

picnic piknik; **to have a picnic** piknik yapmak
pie turta
piece parça; **a piece of** bir parça; **a piece of fruit** bir parka meyve
piles basur
pill hap; **to be on the pill** doğum control hapı kullanmak **103**
pillow yastık
pillowcase yastık kılıfı
PIN (number) şifre
pink pembe
pity yazık; **it's a pity** ne yazık
place yer
plan plan
plane uçak
plant bitki
plaster *(cast)* alçı
plastic pilastik
plastic bag naylon torba **79**
plate tabak
platform peron, platfrom **28**
play *(n)* oyun
play *(v)* oynamak
please memnun etmek
pleased memnun; **pleased to meet you!** memnun oldum!
pleasure memnuniyet, zevk
plug fiş
plug in fişe takmak
plumber su tesisatçısı
point uç
police polis
policeman polis
police station karakol **108**
police woman polis
poor fakir
port liman
portrait portre
Portugal Portekiz**

Portuguese Portekizli
possible mümkün, olası
post postalamak
postbox posta kutusu 91
postcard kartpostal
postcode posta kodu
poster poster
poste restante postrestrant
postman postacı
post office postane 91
pot tencere
pound pound/sterlin
powder pudra
practical pratik
pram bebek arabası
prefer tercih etmek
pregnant hamile 103
prepare hazırlamak
present hediye
press bastırmak
pressure basınç
previous önceki
price fiyat
private özel
prize fiyatlandırmak, paha
  biçmek
probably belki, olasılıkla
problem problem, sorun
procession geçit töreni, tören
  alayı
product ürün
profession meslek
programme program
promise söz vermek
propose teklif etmek
protect korumak
proud (of) (-le/la) gurur duymak
public kamuya ait
public holiday kamu tatili, resmi
  tatil

pull çekmek
purple mor
purpose amaç; **on purpose**
  bile bile
purse cüzdan
push ittirmek
pushchair çocuk arabası
put koymak
put out söndürmek
put up asmak
put up with katlanmak

quality kalite; **of good/bad
  quality** iyi/kötü kalite
quarter çeyrek; **a quarter of an
  hour** çeyrek saat; **a quarter to
  ten** ona çeyrek
quay iskele, rıhtım
question soru
queue (n) sıra
queue (v) sıraya girmek
quick çabuk
quickly çabucak
quiet sessiz
quite oldukça; **quite a lot of**
  oldukça çok

R

racist ırkçı
racket raket
radiator radyatör
radio radyo
radio station radyo istasyonu
rain yağmur
rain (v) yağmur yağmak; **it's
  raining** yağmur yağıyor
raincoat yağmurluk

random rastgele; **at random**
  tesadüfi, rastlantısal
rape tecavüz
rare nadir, seyrek; *(meat)* az
  pişmiş et
rarely nadiren, seyrek olarak
rather tercihen
raw çiğ
razor tıraş bıçağı
razor blade jilet
reach ulaşmak, varmak
read okumak
ready hazır
reasonable makul, uygun
receipt fatura, fiş 80, 104
receive almak
reception resepsiyon; **at**
  reception resepsiyonda 38
receptionist resepsiyonist
recipe tarif
recognize tanımak
recommend teklif etmek 37, 44
red kırmızı; *(hair)* kızıl
red light kırmızı ışık
red wine kırmızı şarap
reduce azaltmak, indirmek
reduction indirim
refrigerator buzdolabı
refund *(n)* geri ödeme; **to get a**
  refund parayı geri almak
refund *(v)* geri vermek
refuse reddetmek
registered kayıtlı
registration number kayıt
  numarası
remember hatırlamak
remind hatırlatmak
remove kaldırmak
rent *(n)* kira
rent *(v)* kiralamak 39

rental kiralık
reopen tekrar açmak
repair onarmak, tamir etmek 30;
  to get something repaired
  onartmak, tamir ettirmek
repeat tekrarlamak 9
reserve yer ayırtmak 45
reserved rezervasyonlu
rest *(n)* **the rest** geri kalanı/gerisi
rest *(v)* dinlenmek
restaurant restoran
return dönüş
return ticket gidiş dönüş bilet
reverse-charge call ödemeli
  telefon görüşmesi 96
reverse gear geri vites
rheumatism romatizma
rib kaburga
right *(n)* hak; **to have the right**
  to ... ... -ye/ya hakkı olmak;
right *(n)* sağ; **to the right (of)**
  sağına doğru
right *(adj)* haklı
right *(adv)* **right away** hemen
  şimdi; **right beside** hemen
  yanında
ring telefon etmek
ripe olgun
rip-off çok kazık, soygun
risk risk
river nehir
road yol
road sign yol işareti
rock kaya
rollerblades paten
room oda 36, 37
rosé wine pembe şarap
round yuvarlak
roundabout kavşak
rubbish çöp; **to take the**

rubbish out çöpü (dışarı) çıkarmak
rucksack sırt çantası
rug halı
ruins kalıntılar; **in ruins** kalıntılar içinde
run out bitmek/tükenmek; **to have run out of petrol** benzini bitmek **30**

S

sad üzgün
safe güvenli
safety emniyet, güvenlik
safety belt emniyet kemeri
sail yelken
sailing yelkencilik; **to go sailing** yelkene çıkmak
sale satım; **for sale** satılık; **in the sale** indirimde
sales indirim
salt tuz
salted tuzlanmış, tuzlu
salty tuzlu
same aynı; **the same** aynısı
sand kum
sandals sandalet
sanitary towel aybaşı pedi
Saturday cumartesi
saucepan tencere
save biriktirmek
say demek/söylemek; **how do you say ...?** nasıl diyorsunuz ...?
scared korkmuş; **to be scared (of)** -den/dan korkmak
scenery manzara
scissors makas
scoop top; **one/two scoop(s)** (of ice cream) bir/iki top

scooter küçük motorsiklet, trotinet
scotch (whisky) viski
Scotland İskoçya
Scottish İskoçyalı
scuba diving scuba dalışı
sea deniz
seafood deniz ürünü
seasick deniz tutması; **to be seasick** deniz tutmuş olmak
seaside deniz kenarı; **at the seaside** deniz kenarında
seaside resort sayfiye
season mevsim
seat koltuk, yer **23**
sea view deniz manzarası
seaweed deniz yosunu
second ikinci
secondary school lise
second class ikinci sınıf
second-hand ikinci el
secure güvenli
security güvenlik
see görmek; **see you later!** sonra görüşürüz; **see you soon!** yakında görüşürüz!; **see you tomorrow!** yarın görüşürüz
seem görünmek; **it seems that ...** ... gibi görünüyor
seldom nadiren, seyrek
self-confidence özgüven
sell satmak **78**
Sellotape® bant, selobant
send göndermek
sender gönderen
sense duyu
sensitive duyarlı, hassas, hissi
sentence cümle
separate ayrı

separately ayrıca
September eylül
serious ciddi
several birkaç
sex seks
shade gölge; **in the shade**
gölgede
shame rezalet, utanç
shampoo şampuan
shape biçim
share paylaşmak
shave (someone) tıraş etmek;
(oneself) tıraş olmak
shaving cream tıraş kremi
shaving foam tıraş köpüğü
she o
sheet çarşaf
shellfish kabuklu deniz hayvanı
shirt gömlek
shock şok
shocking şok edici
shoes ayakkabı
shop dükkan, mağaza
shop assistant mağaza
elemanı
shopkeeper dükkancı,
mağazacı
shopping alışveriş; **to do some/
the shopping** biraz alışveriş
yapmak/alışveriş yapmak
shopping centre alışveriş
merkezi
short parası az olmak; **I'm two
… short** iki … param eksik
short cut kestirme yol
shorts şort
short-sleeved kısa kollu
shoulder omuz
show (n) gösteri, şov **61**
show (v) göstermek

shower duş; **to take a shower**
duş almak
shower gel duş jeli
shut kapatmak
shuttle düzenli sefer yapan
otobüs/tren
shy utangaç
sick hasta; **to feel sick** midesi
bulanmak
side yan
sign (n) işaret
sign (v) imzalamak
signal işaret vermek
silent sessiz
silver gümüş
silver-plated gümüş kaplama
since -den/dan beri
sing şarkı söylemek
singer şarkıcı
single bekar
single (ticket) tek yön bilet
sister kız kardeş
sit down oturmak
size (measurement) boyut; (for
clothes) beden
ski kayak
ski boots kayak botu
skiing kayak yapma; **to go
skiing** kayağa çıkmak/gitmek
ski lift telesiyej
skin cilt, deri
ski pole kayak çubuğu/sopası
ski resort kayak merkezi
skirt etek
sky gök, gökyüzü
skyscraper gökdelen
sleep (n) uyku
sleep (v) uyumak; **to sleep with**
birisiyle yatmak
sleeping bag uyku tulumu

sleeping pill uyku hapı
sleepy uykulu; **to be sleepy** uykusu olmak
sleeve kol
slice dilim
sliced dilimli
slide kaydırak
slow yavaş
slowly yavaş yavaş
small küçük
smell (n) koku
smell (v) kokmak/koklamak; **to smell good/bad** güzel/kötü kokmak, **to smell the flowers** çiçekleri koklamak
smile (n) gülücük
smile (v) gülümsemek
smoke sigara içmek
smoker sigara tiryakisi
snack hafif yemek
snow (n) kar
snow (v) kar yağmak
so böylece/bu yüzden; **so that** diye
soap sabun
soccer futbol
socks çorap
some bazı; **some people** bazı insanlar
somebody, someone birisi
something birşey; **something else** başka birşey
sometimes bazen
somewhere biryer/biryerde; **somewhere else** başka biryer
son end
song şarkı
soon yakında
sore ağrıyan; **to have a sore throat** boğazım ağrıyor; **to have a sore head** başım ağrıyor

sorry üzgün olmak; **sorry!** özür dilerim!
south güney; **in the south** güneyde; **(to the) south of** güneyine doğru
souvenir hatıralık eşya
Spain İspanya
spare fazla
spare part fazla kısım, fazla parça
spare tyre istepne 30
spare wheel istepne
spark plug buji
speak konuşmak 8, 9, 97, 108
special özel, spesiyal; **today's special** bugünün spesiyali 46
speciality özellik, spesiyalite
speed hız; **at full speed** tam gaz
spell hecelemek; **how do you spell it?** (onu) nasıl heceliyorsunuz?
spend harcamak
spice baharat
spicy acı
spider örümcek
splinter kıymık
split up ayrılmak
spoil bozmak
sponge sünger
spoon kaşık
sport spor
sports ground spor sahası
sporty sportif
spot nokta
sprain burkmak; **to sprain one's ankle** ayak bileğini burkmak
spring ilkbahar
square meydan
stadium stadyum

stain leke
stairs merdiven
stamp pul 92
start başlamak
state durum, hal
statement ifade
station istasyon
stay (n) kalış
stay (v) kalmak; **to stay in touch** bağlantıda kalmak
steal çalmak 108
step adım
sticking plaster yara bantı
still durgun
still water tatlı su
sting (n) sokuk
sting (v) sokmak; **to get stung (by)** (tarafından) sokulmak 102
stock depolamak, stoklamak; **out of stock** stoku tükenmiş
stomach mide
stone taş
stop (n) durak
stop (v) durmak
stopcock vana
storm fırtına
straight ahead dosdoğru ileride
strange garip, tuhaf
street sokak
strong güçlü, kuvvetli
stuck sıkışmış
student öğrenci 23
studies çalışmalar
study çalışmak; **to study biology** biyoloji okumak
style stil, tarz
subtitled altyazılı
suburb banliyö, taşra
suffer ıstırap çekmek
sugar şeker

suggest önermek, tavsiye etmek
suit uymak; **does that suit you?** sana uyar mı?
suitcase bavul, valiz 25
summer yaz
summit zirve
sun güneş; **in the sun** güneşte
sunbathe güneş banyosu yapmak
sunburnt güneşte yanmış; **to get sunburnt** güneşte yanmak
sun cream güneş kremi
Sunday pazar
sunglasses güneş gözlüğü
sunhat güneş şapkası
sunrise gün doğuşu
sunset gün batışı
sunstroke güneş çarpması; **to get sunstroke** güneş çarpmasına uğramak
supermarket süpermarket 40, 78
supplement eklemek, ilave etmek
sure emin
surf sörf yapmak
surfboard sörf tahtası
surfing sörfçülük; **to go surfing** sörfe çıkmak/gitmek
surgical spirit cerrahi solüsyon
surname soyad
surprise (n) sürpriz
surprise (v) sürpriz yapmak
sweat terlemek
sweater süveter
sweet (n) şeker
sweet (adj) şekerli, tatlı
swim (n) yüzme; **to go for a swim** yüzmeye gitmek
swim (v) yüzmek

swimming yüzme
swimming pool havuz, yüzme havuzu
swimming trunks erkek mayosu
swimsuit kadın mayosu
switch off kapatmak
switch on açmak
switchboard operator santral
swollen şiş
synagogue sinagog
syrup şurup

T

table masa 45
tablespoon yemek kaşığı
tablet hap, tablet
take sürmek; it takes two hours iki saat sürüyor
take off (plane) havalanmak
talk konuşmak
tall uzun
tampon tampon
tan bronzlaşmak
tanned bronzlaşmış
tap musluk
taste (n) tat
taste (v) tatmak
tax vergi
tax-free gümrüksüz
taxi taksi 31
taxi driver taksici
team takım
teaspoon çay kaşığı
teenager genç
telephone (n) telefon
telephone (v) telefon etmek
television televizyon
tell anlatmak

temperature sıcaklık; to take one's temperature ateşini ölçmek
temple tapınak
temporary geçici
tennis tenis
tennis court tenis kortu
tennis shoe tenis ayakkabısı
tent çadır
tent peg çadır kazığı
terminal terminal
terrace teras
terrible berbat
thank teşekkür etmek; thank you teşekkür ederim; thank you very much çok teşekkür ederim
thanks teşekkürler; thanks to sayesinde
that şu; that one şunu, şuradaki
theatre tiyatro
theft hırsızlık
their onların
theirs onlarınki
them onlar
then sonra
there ora; there is var; there are var
therefore bu yüzden
thermometer termometre
Thermos® flask termos
these bunlar; these ones bunları
they onlar; they say that … … diyorlar
thief hırsız
thigh uyluk
thin zayıf
thing eşya, şey; things eşyalar, şeyler
think düşünmek
think about hakkında düşünmek

thirst susuzluk
thirsty susamış; **to be thirsty** susamak
this bu; **this one** bunu, buradaki; **this evening** bu akşam; **this is** budur
those şunlar; **those ones** şunları
throat boğaz
throw fırlatmak
throw out dışarı atmak
Thursday perşembe
ticket bilet 22, **60**, **61**, **67**
ticket office bilet gişesi, gişe
tidy düzenli
tie kıravat
tight sıkı
tights kadın çorabı
time zaman; **what time is it?** saat kaç? 117; **from time to time** zaman zaman; **on time** zamanında; **three/four times** üç/dört kere
time difference zaman farkı
timetable tarife, zaman çizelgesi 23
tinfoil aliminyum folyo
tip bahşiş
tired yorgun
tobacco tütün
tobacconist's tütüncü
today bugün
together birlikte
toilet tuvalet 8, 44
toilet bag tuvalet torbası
toilet paper tuvalet kağıdı
toiletries tuvalet takımı
toll gişe
tomorrow yarın; **tomorrow evening** yarın akşam; **tomorrow morning** yarın sabah

tongue dil
tonight bugece
too -de/da; **too bad** çok fena; **too many** çok fazla; **too much** çok fazla
tooth diş
toothbrush diş fırçası
toothpaste diş macunu
top üst; **at the top** üstte
torch el feneri
touch dokunmak
tourist turist
tourist office turizm bürosu **65**
tourist trap turist tuzağı
towards -e/a doğru
towel havlu
town şehir
town centre şehir merkezi
town hall hükümet konağı
toy oyuncak
traditional geleneksel
traffic trafik
traffic jam trafik sıkışıklığı
train tren 28; **the train to Ankara** Ankara'ya giden tren
train station tren istasyonu
tram tramvay
transfer *(of money)* havale
translate çeviri, tercüme
travel seyahat
travel agency seyahat acentesi
traveller's cheque seyahat çeki
trip gezi; **have a good trip!** iyi gezmeler!
trolley el arabası
trouble dert/zorluk; **to have trouble doing something** birşeyi yapmakta zorlanmak
trousers pantolon
true doğru

try denemek; **to try to do something** bir şey yapmaya çalışmak
try on denemek 82
Tuesday salı
tube metro
tube station metro istasyonu
turn (n) **it's your turn** sıra sende
turn (v) dönmek
twice iki kez/sefer
type (n) çeşit, tür
type (v) bilgisayarda yazmak, daktilo etmek
typical tipik
tyre lastik

U

umbrella şemsiye
uncle amca
uncomfortable rahatsız
under altında
underground metro 28
underground line metro hattı
underground station metro istasyonu
underneath altında
understand anlamak 10
underwear iç çamaşırı
United Kingdom Birleşik Krallık
United States Birleşik Amerika
until kadar
upset üzgün
upstairs yukarıda
urgent acele, acil
us bize; bizi
use (n) fayda, yarar
use (v) kullanmak; **to be used for** için kullanılır; **I'm used to it** (ben) alışkınım

useful faydalı, yararlı
useless faydasız, yararsız
usually genellikle
U-turn u dönüşü

V

vacancies boş oda var 36
vacant boş
vaccinated (against) aşılı (-e/a karşı aşılı)
valid geçerli; **valid for** için geçerli
valley vadi
VAT KDV (katma değer vergisi)
vegetarian vejeteryen
very çok
view manzara
villa villa
village köy
visa vize
visit (n) ziyaret
visit (v) ziyaret etmek
volleyball voleybol
vomit kusmak

W

waist bel
wait beklemek; **to wait for somebody/something** birisini/ birşeyi beklemek
waiter garson
waitress garson
wake up uyanmak
Wales Galler
walk (n) yürüyüş; **to go for a walk** yürüyüşe çıkmak
walk (v) yürümek
walking yürüyüş; **to go walking** yürüyüşe çıkmak

walking boots yürüyüş botları
Walkman® volkmen
wallet cüzdan
want istemek; **to want to do something** bir şey istemek
warm ılık
warn uyarmak
wash (n) yıkama; **to have a wash** yıkanmak
wash (v) yıkamak; **to wash one's hair** saçını yıkamak
washbasin lavabo
washing çamaşır yıkama; **to do the washing** çamaşır yıkamak
washing machine çamaşır makinesi
washing powder çamaşır deterjanı
washing-up liquid bulaşık deterjanı
wasp yabanarısı
waste atık
watch (n) saat
watch (v) izlemek, seyretmek; **watch out!** dikkat!
water su 46, 47
water heater su ısıtıcısı
waterproof su geçirmez
waterskiing su kayağı
wave dalga
way yol
way in giriş yolu
way out çıkış yolu
we biz
weak güçsüz, zayıf
wear giymek
weather hava; **the weather's bad** hava kötü
weather forecast hava durumu 21

website web sitesi
Wednesday çarşamba
week hafta
weekend hafta sonu
welcome hoş geldilemek; **welcome!** hoş geldiniz; **you're welcome** bir şey değil
well iyi; **I'm very well** çok iyiyim; **well done** (meat) çok pişmiş et
well-known ünlü
Welsh Galli
west batı; **in the west** batıda; **(to the) west of** batısı (batısına doğru)
wet ıslak
wetsuit dalgıç elbisesi
what ne; **what do you want?** ne istiyorsun?
wheel tekerlek
wheelchair tekerlekli sandalye
when ne zaman
where nere/nerede; **where is/are ...?** ... nerede?; **where are you from?** nerelisinuz?; **where are you going?** nereye gidiyorsunuz?
which hangi
while iken
white beyaz
white wine beyaz şarap
who kim; **who's calling?** kim arıyor?
whole bütün; **the whole cake** bütün keki
whose kimin
why ne için?
wide geniş
wife karı
wild vahşi

wind rüzgar
window pencere; **in the window** pencerede
windscreen ön cam
windsurfing rüzgar sörfü
wine şarap **46**
winter kış
with beraber, birlikte, ile
withdraw çekilmek
without -sız/siz/suz/süz
woman kadın
wonderful harika
wood tahta
wool yün
work *(n)* iş; **work of art** sanat ürünü
work *(v)* çalışmak **15, 16**
works mekanizma, parça
world dünya
worse daha kötü; **to get worse** daha kötülemek; **it's worse (than)** (–den/dan) daha kötü
worth değer; **to be worth** değeri olmak; **it's worth it** ona değer

wound yara
wrist kol
write yazmak **10, 80**
wrong yanlış

XYZ

X-rays röntgen

year yıl
yellow sarı
yes evet
yesterday dün; **yesterday evening** dün akşam
you *(singular/informal)* sen; *(plural/formal)* siz
young genç
your senin
yours seninki
youth hostel gençlik oteli, hostel

zero sıfır
zip fermuar
zoo hayvanat bahçesi
zoom (lens) zum

DICTIONARY

TURKISH-ENGLISH

A

a a
acele urgent; **acele etmek, acelesi olmak** to be in a hurry; **acelen mi var?** are you in a hurry?
acele et to hurry (up)
acı (v) to hurt; **acıyor** it hurts; **başım/kafam acıyor** my head hurts
acı (adj) spicy
acil urgent; **acil durum** emergency; **acil durum çıkışı** emergency exit; **acil durumda** in an emergency; **acil durum halinde** in an emergency
aç hungry; **aç olmak** to be hungry
açık light, open; **açık mavi** light blue
açlık hunger
açmak to open, to switch on
ad name; **(benim) adım …** my name is …
ada island
adam man
adaptör adaptor
adet item
adım step
adres address
affedersiniz excuse me
afiyet olsun! enjoy your meal!

ağır heavy
ağız mouth
ağlamak to cry
ağrıyan sore; **boğazım ağrıyor** to have a sore throat; **başım ağrıyor** to have a sore head
ağustos August
aile family; **aile hekimi** GP, family doctor
akciğer lung
akıntı leak
akşam evening; **bu akşam** this evening; **akşamleyin** in the evening; **akşam yemeği** dinner; **akşam yemeği yemek** to have dinner; **akşamdan kalmalık** hangover
aksi halde otherwise
aktarma connection
alan area; **alan kodu** dialling code
alanında in the area
alçak low; **alçak dalga** low tide
alçı plaster (cast)
alerjik allergic
aliminyum folyo tinfoil
alın forehead
alıp getirmek to fetch
alışveriş shopping; **biraz alışveriş/alışveriş yapmak** to do some/the shopping; **alışveriş merkezi** shopping centre
alkol alcohol

almak to get, to have, to receive
Almanya Germany
alt bottom
altında underneath, at the bottom of
altta at the bottom
altyazılı subtitled
ama but
ambulans ambulance
amca uncle
ameliyat operation; **ameliyat olmak** to have an operation
Amerikalı American
ampul light bulb
an moment
ana main; **ana yemek** main course
anahtar key
anestezi anaesthetic
anıt monument
anlamak to understand, to tell
anne mother; **anne baba** parents
antibiyotik antibiotics
antrenör coach
apendisit appendicitis
araba car; **araba gezintisi**, **araba kullanmak** to drive; **araba ile** by car
arabayla by car; **arabayla gezmeye çıkmak** to go for a drive
aralık December
aramak to look for
arasında among, between
arıza breakdown, breakdown service
arızalanmak to break down
arka back
arkadaş friend

arkasında behind
asansör lift
asla never
asmak to put up
aspirin aspirin
astım asthma
aşağısı below
aşağıda downstairs
aşçı cook
aşılı vaccinated; **-e/a karşı aşılı** vaccinated against
at horse
ateş fire, fever; **ateşi olmak** to have a fever
atık to waste
Avra çeki Eurocheque
Avrupa Europe
Avrupalı European
avukat lawyer
ay month
ayak foot; **ayak bileği** ankle
ayakkabı shoes
ayarlamak to arrange
aybaşı period; **aybaşı pedi** sanitary towel
ayin mass
ayırtmak to book
ayna mirror
aynı same; **aynısı** the same; **aynı şey** all the same
ayrı separate
ayrıca also, separately
ayrılış departure
ayrılmak to check out, to get off, to leave, to split up
az little; **en az** least; **en azı** the least; **en azından** at least
azaltmak to reduce

ß

baba father
baca chimney
bacak leg
bagaj baggage
bağımsız independent
bağlantı connection, contact;
  bağlantı kurmak to contact
bağlı olmak to depend
bahane excuse
baharat spice
bahçe garden
bahşiş tip
bakkal grocer's
bakmak to look at
balarısı bee
balayı honeymoon
balık fish
balıkçı fishmonger's
balkon balcony
bana (to) me
bandaj bandage
banka bank
bankamatik cashpoint
banknot banknote
banliyö suburb
banyo bath, bathroom; **banyo
  havlusu** bath towel; **banyo
  yapmak** bath
bar bar
barbekü barbecue
bardak glass; **bir bardak su/şarap**
  a glass of water/wine
basınç pressure
bastırmak to press
baş head; **başı ağrımak** to have a
  headache
başağrısı headache
başından gitmek to go away

başka other; **başkaları** others;
  başka bir another
başlamak to begin
başlangıç beginning; **başlangıçta**
  at the beginning
batı west; **batıda** in the west;
  batısına doğru (to the) west of
battaniye blanket
bavul luggage, suitcase
bay Mr
bayan Miss, Mrs, Ms
bayanlar tuvaleti ladies' (toilet)
bayılmak to faint
bazen sometimes
bazı some; **bazı insanlar** some
  people
bebek baby; **bebek arabası** pram;
  bebek bezi nappy
beden size
beğenmek to like
bekar single
beklemek to wait; **birisini/birşeyi
  beklemek** to wait for somebody/
  something
bel waist
Belçika Belgium
belki maybe, perhaps, probably
belli obvious
ben I; **ben de** me too; **ben yirmi
  iki yaşındayım** I'm 22 (years
  old)
bence in my opinion
beni me
benim my
benimki mine
benzin petrol; **benzinle
  doldurmak** to fill up with petrol;
  dört yıldızlı benzin four-star
  petrol
beraber with

berbat terrible
besin zehirlenmesi food poisoning
beyan etmek to declare
beyaz white; **beyaz şarap** white wine
bıçak knife
bıkmak to be fed up
biberon baby's bottle
biçim shape
bildirmek to declare
bile bile on purpose
bilet ticket; **bilet gişesi** ticket office; **bilet koçanı** book of tickets; **bilet ücreti** fare
bilgi information
bilgisayar computer; **bilgisayarda yazmak** to type
bilinmeyen numaralar directory enquiries
bilmek to know; **bilmiyorum** I don't know
bina building
biniş boarding
binmek to board
bir one; **bir kez** once; **günde/saatte bir kez** once a day/an hour
birazcık a little
biriktirmek to save
birinci first; **birinci kat** first floor; **birinci sınıf** first class
birisi someone
birkaç few, several
Birleşik Amerika United States
Birleşik Krallık United Kingdom
birlikte with, together
birşey something; **başka birşey** something else
biryer somewhere; **başka biryer** somewhere else
bisiklet bicycle; **bisiklet pompası** bicycle pump; **bisiklet yolu** cycle path
bitirmek to finish
bitki plant
bitmek to run out; **benzini bitmek** to have run out of petrol
biz we
bize (to) us
bizi us
bizim our
bizimki ours
boğaz throat
boğulmak to drown
borcu olmak to owe
boş empty; **boş oda var** vacancies
bot boots
botanik bahçesi botanical garden
boyun neck
boyunca during
boyut size
bozmak to spoil
bozuk out of order
bozuk para change
bozulma breakdown
bozulmak to break down
böbrek kidney
böcek insect; **böcek ilacı** insecticide
bölüm department
böylece so
Britanya Britain
Britanyalı British
bronşit bronchitis
bronzlaşmak to tan
bronzlaşmış tanned
broşür brochure
bu this
budur this is
bugece tonight
bugün today

bugünlerde nowadays
buji spark plug
bulaşıcı contagious
bulaşık deterjanı washing-up liquid
bulaşık makinesi dishwasher
bulaşıklar dishes; **bulaşıkları yıkamak** to do the dishes
bulmak to find
buluşmak to meet
bulvar avenue
bunlar these; **bunları** these ones
bunu this one
burada here is/are
buradaki this one
burası here
burkmak to sprain; **ayak bileğini burkmak** to sprain one's ankle
burun nose
bütün whole; **bütün keki** the whole cake; **bütün gün** all day; **bütün hafta** all week
büyük big, great
büyümek to grow
buz ice; **buz küpü** ice cube
buzdolabı fridge
buzluk freezer

camii mosque
canlı alive, live, organic
can simidi buoy
ceket jacket
cep telefonu mobile (phone)
cerrahi solüsyon surgical spirit
ciddi serious
ciğer liver
cilt skin
cuma Friday

cumartesi Saturday
cümle sentence
cüzdan purse, wallet

Ç

çabucak quickly
çabuk quick
çadır tent; **çadır kazığı** tent peg
çağdaş modern
çağrı call
çakmak lighter
çalar saat alarm clock
çalışmak to work, to study
çalışmalar studies
çalıştırmak to operate
çalmak to steal
çamaşır yıkama washing; **çamaşır yıkamak** to do the washing; **çamaşır deterjanı** washing powder; **çamaşır makinesi** washing machine
çamaşırhane launderette
çamurluk bumper
çanta bag
çapraz cross
çarşaf sheet
çarşamba Wednesday
çatal fork
çay kaşığı teaspoon
çek cheque
çekilmek to withdraw
çekmek to pull
çene chin
çeşit type
çeviri to translate
çevre around
çeyrek quarter; **çeyrek saat** a quarter of an hour; **ona çeyrek** a quarter to ten

çıkış exit
çıplak naked
çift pair; **bir çift pijama** a pair of pyjamas
çiğ raw
çim grass
çimen grass
çizgi line
çocuk child; **çocuk arabası** pushchair
çok much; very; **çok sayıda** many; **çok yaşa!** bless you!; **en çok** most; **çok fena/kötü** too bad; **çok kazık** rip-off
çorap socks
çöp rubbish; **çöp bidonu** bin; **çöp kovası** dustbin; **çöpü (dışarı) çıkarmak** to take the rubbish out
çünkü because

D

dağ mountain; **dağ bisikleti** mountain bike; **dağ kulubesi** mountain hut
dağcılık climbing
daha: daha az less; **daha bile iyi** all the better; **daha fazla** more; **çok daha fazla** much more, a lot more; **... daha yok** there's no more ...; **daha iyi** better; **daha iyileşmek** to get better; **daha kötü** worse; **daha kötülemek** to get worse
dahil included
dakika minute
daktilo etmek to type
dalga wave
dalgıç elbisesi wetsuit
dalgıçlık diving
dalmak to dive
dalmaya gitmek to go diving
damla drop
dans dance; **dans etmek** to dance
darbe bump
davet to invite
-de on, at, in
debriyaj clutch
defo flaw
defter notebook
değer cost; **değeri olmak** to be worth; **ona değer** it's worth it
değerli dear
değil not; **henüz değil** not yet; **bir şey değil** not at all
değirmen mill
değişim change
değişmek to change
demek to mean, to say; **... ne demek?** what does ... mean?; **nasıl diyorsunuz?** how do you say ...?
denemek to try on; to try; **bir şey yapmaya çalışmak** to try to do something
deniz sea; **deniz feneri** lighthouse; **deniz kenarı** seaside; **deniz kenarında** at the seaside; **deniz manzarası** sea view; **deniz tutması** seasick; **deniz tutmuş olmak** to be seasick; **deniz ürünü** seafood; **deniz yosunu** seaweed
depolamak stock
depozit deposit
derece degree
dergi magazine
deri skin
derin deep
dert trouble

devirmek to knock down
dezenfekte to disinfect
dışarısı outside; **dışarı atmak** to throw out; **dışarı çıkmak** to come out, to go out
diğer other; **diğerleri** others
dijital fotoğraf makinesi digital camera
dikkat! watch out!
dil language, tongue
dilim slice
dilimli sliced
dinlemek to listen
dinlenmek to rest
dip bottom; **dipte** at the bottom
diş tooth; **diş fırçası** toothbrush; **diş macunu** toothpaste
dişçi dentist
disko disco
diye so that
diz knee; **diz üstü bilgisayar** laptop
dizel diesel
doğa nature
doğru correct, true
doğu east; **doğusuna doğru** (to the) east of; **doğuda** in the east
doğum günü birthday
doğum tarihi date of birth
doktor doctor
dokunmak to touch
doldurmak to fill, to fill in, to fill up
dolgu filling
dolu full; **... le/la dolu** full of ...; **şarapla dolu** full of wine
donatım equipment
dondurucu freezer
dosdoğru ileride straight ahead
dönmek to turn

dönüş return
döşek mattress
döviz kuru exchange rate
dudak lip
durumunda in case of
durak stop
durgun still
durmak to stop
durum case, state
duş shower; **duş almak** to take a shower; **duş jeli** shower gel
duyarlı sensitive
duygu feeling
duymak to hear
duyu sense
dükkan shop
dükkancı shopkeeper
dün yesterday; **dünden önce** the day before yesterday
dünya earth, world
dürbün binoculars
dürüst honest
düşmek to fall
düşük tansiyon low blood pressure
düşünmek to think
düz flat
düzen order
düzenlemek to organize
düzenli tidy
düzlük flat

-ebilmek to be able to
eczane chemists
eğer if
egzos borusu exhaust pipe
ehliyet driving licence
ekim October

eklemek supplement
ekmek bread
ekonomi sınıfı economy class
ekspres express
el hand; **el arabası** trolley; **el bagajı** hand luggage; **el çantası** handbag; **el feneri** torch; **el freni** handbrake; **el ilanı** leaflet; **el yapımı** hand-made
elbise dress
elçilik embassy
elektrik electricity; **elektrik sayacı** electric meter
elektrikli electric; **elektrikli traş makinesi** electric razor
elektronik posta e-mail; **elektronik posta adresi** e-mail address
email e-mail; **email adresi** e-mail address
emin sure
emniyet safety; **emniyet kemeri** safety belt
emretmek to order
end son
enfeksiyon infection
engelli disabled, handicapped
enjeksiyon injection
erkek kardeş brother
erkek mayosu swimming trunks
erkek tuvaleti gents' (toilet)
erken early
eşcinsel gay, homosexual
eski şehir old town
espresso espresso
eşya thing; **eşyalar** things, goods
etek skirt
etraf around
ev house, home; **evde** at home; **eve gitmek** to go home; **ev işi** housework; **ev işi yapmak** to do the housework
evet yes
evli married
evvel: az evvel just before
eylül September

fakat but
fakir poor
faks fax
far headlight
fare mouse
farklı different; **...-den/dan farklı** different from ...
fast-food salonu fast-food restaurant
fatura bill, receipt
fayda use
faydalı useful
faydasız useless
fazla excess, spare; **çok fazla pişmiş** overdone; **çok fazla** too many, too much; **fazla kısım** spare part
fazladan extra
felaket disaster
fena bad; **fena değil** not bad
feribot ferry
fermuar zip
festival festival
fıçı bira draught beer
fikir opinion; **benim fikrime göre** in my opinion
filim film, movie; **filim tab ettirmek** to develop a film
fincan cup
fırçalamak brush
fırın oven

fırıncı baker's
fırında pişirmek to bake
fırlatmak to throw
fırsat opportunity
fırtına storm
fiş plug, receipt; **fişe takmak** to plug in
fiyat cost, price; **fiyat istemek** to charge
fiyatlandırmak prize
flaş flash
fotoğraf photo; **fotoğraf çekmek** to take a photo (of); **birisinin fotoğrafını çekmek** to take someone's photo; **fotoğraf makinesi** camera
Fransa France
fren break; **fren yapmak** to break
fuar faint
full kasko comprehensive insurance
full sigorta comprehensive insurance
futbol soccer

G

galeri gallery
Galler Wales
Galli Welsh
garaj garage
garanti guarantee
garip strange
garson waiter, waitress
gastrit gastric flu
gaz gas
gazete newspaper
gazete bayii newsagent
gazeteci newsstand

gazlı fizzy
gebelikten koruyucu contraceptive
gece night
gece kulübü nightclub
gece yarısı midnight
gecelik nightdress
gecikme delay
gecikmeli delayed
geç late; **geç saate kadar açık** late-night opening
geçe past; **onu çeyrek geçe** a quarter past ten
geçen last; **geçen yıl** last year
geçerli valid
geçici temporary
geçit töreni procession
geçmek to pass, to cross; **beşi on geçiyor** it's ten past five; **karşıya geçmek** to cross the street
geçmiş past
geleneksel traditional
gelişmiş developed, forward
geliştirmek to develop
gelmek to come
gemi boat; **gemi yolculuğu** cruise
genç (n) teenager
genç (adj) young
gençlik oteli youth hostel
genel general
genellikle usually
geniş wide
gerçek fact
gerçekten in fact
gerekli necessary
geri aramak to call back
geri gelmek to come back
geri kalanı the rest

geri ödeme refund
geri vermek to refund, to give back
geri vites reverse gear
getirmek to bring, to fetch; **birisini/birşeyi alıp getirmek** to fetch someone/something
gezi trip; **iyi gezmeler!** have a good trip!
gibi like; **gibi görünmek** to look like
gidiş outward journey; **gidiş dönüş bilet** return ticket
giriş entrance, access, check-in; **giriş yapmak** to check in; **giriş yolu** way in
gişe ticket office, toll
gitmek to go; **İzmir'e/ Kapadokya'ya gitmek** to go to İzmir/to Kapadokya; **yarın eve gidiyoruz** we're going home tomorrow; **birlikte/ile gitmek** to go with
giyinme odası fitting room
giyinmek to get dressed
giymek to wear
giysi clothes
golf sahası golf course
göğüs breast
gök sky
gökdelen skyscraper
gökyüzü sky
göl lake
gölge shade; **gölgede** in the shade
gömlek shirt
gönderen sender
göndermek to send
görmek to see; **sonra görüşürüz!** see you later!;

yakında görüşürüz! see you soon!; **yarın görüşürüz** see you tomorrow!
görünmek to look, to seem; **yorgun görünmek** to look tired; **... gibi görünüyor** it seems that ...
görüş opinion
gösterge indicator
gösteri show
göstermek to show
göz eye
gözetmek to look after
gözlük glasses
gözlükçü optician
gözlükler glasses
gözü kararmak blackout
gram grams
gri grey
gulutensiz gluten-free
gurur duymak to be proud
güçlü strong
güçsüz weak
gülmek to laugh
gülücük smile
gülümsemek to smile
gümrük customs
gümrüksüz tax-free
gümüş silver; **gümüş kaplama** silver-plated
gün date; **gün batışı** sunset; **gün doğuşu** sunrise; **gün ortası** midday
günaydın good morning
güneş sun; **güneşte** in the sun; **güneş banyosu yapmak** to sunbathe; **güneş çarpması** sunstroke; **güneş çarpmasına uğramak** to get sunstroke; **güneş gözlüğü** sunglasses; **güneş**

kremi sun cream; **güneş şapkası** sunhat; **güneş şemsiyesi** beach umbrella; **güneş sonrası kremi** after-sun (cream)

güneşte yanmış sunburnt; **güneşte yanmak** to get sunburnt

güney south; **güneyde** in the south; **güneyi güneyine doğru** (to the) south of

günün yemeği dish of the day

gürültü noise; **gürültü yapmak** to make a noise

gürültülü noisy

güvenli safe, secure

güvenlik safety, security

güzel beautiful, nice; **güzel vakit geçirmek** to enjoy oneself

H

haber news

hafif light; **hafif yemek** snack

hafta week; **hafta boyunca, hafta içinde, hafta süresince** during the week; **hafta sonu** weekend

hak right; **... -ye/ya hakkı olmak** to have the right to ...

hakkında about; **hakkında düşünmek** to think about

haklı right

halı rug

halinde ... in case of ...

hamamböceği cockroach

hamile pregnant

hangi which

hap pill, tablet; **doğum kontrol hapı kullanmak** to be on the pill

harcamak to spend

hariç except

harika great, wonderful

harita map

haşhaş hashish

hassas sensitive

hasta *(adj)* ill; **hasta düşmek** to fall ill

hasta *(n)* patient

hastalık illness

hastane hospital

hatıralık eşya souvenir

hatırlamak to remember

hatırlatmak to remind

hatta kalın! hold on!

hattan ayrılmayın! hold on!

hava air, weather; **hava kötü** the weather's bad; **hava durumu** weather forecast; **hava sıcak** it's hot; **hava soğuk** it's cold

hava yolu airline

havaalanı airport

havai fişek fireworks

havalandırma air conditioning

havalanmak to take off

havale transfer

havlu towel

hayat life

hayır no

hayvan animal

hayvanat bahçesi zoo

hazır ready; **hazır kahve** instant coffee

haziran June

hazırlamak to prepare

hecelemek to spell; **(onu) nasıl heceliyorsunuz?** how do you spell it?

hediye present; **hediye paketi** gift wrap

hemen (şimdi) right away; **hemen yanında** right beside
hemşire nurse
hepsi all
her each, every; **her biri** each of them; **her gün** every day; **her şey dahil** all inclusive; **her zaman** always
herkes everybody
herneyse anyway
heryer everywhere
herzaman all the time
hesap bill
hırsız thief
hırsızlık theft
hız speed
hızlı fast
hiç none; **hiç biri** neither; **hiç kimse** nobody
hiçbirşey anything, nothing
hiçbiryer nowhere
hiçkimse anybody, anyone
hissetmek to feel
Hollanda Holland, Netherlands
hoş nice; **hoş geldilemek** welcome; **hoş geldiniz** welcome!
hoşçakal goodbye
hoşlanmak to like, to enjoy
hükümet konağı town hall

iç çamaşırı underwear
içeri girmek to come in, to go in
için for
içinde in, inside; **bir saat içinde** in an hour
içki drink; **içki içmek** to have a drink; **içki içmeye gitmek** to go for a drink
içkili drunk
içmek to drink
içme suyu drinking water
ifade statement
iğne injection
ihtiyaç need
iken while
ikimiz de both of us
ikinci second; **ikinci el** second-hand; **ikinci sınıf** second class
ikisi de both
iklim climate
ilaç medicine
ilave etmek supplement
ile by, with
ilerlemek advance
ilkbahar spring
imdat! help!
imkan opportunity
imza signature
imzalamak to sign
inanmak to believe
indirim discount, reduction, sales; **indirim yapmak** to give someone a discount
indirimli bilet concession
indirimli fiyatı discount fare
indirmek to reduce
İngiliz English
İngiltere England

I

ılık warm
ırkçı racist
ısırık bite
ısırmak to bite
ısıtma heating
ıslak wet

inşa etmek to build
insan person
insanlar people
internet Internet; **internet kafe** Internet café
iptal etmek to cancel
İrlanda Ireland
İrlandalı Irish
ishal diarrhoea; **ishal olmak** to have diarrhoea
isim name
iskele quay
İskoçya Scotland
İskoçyalı Scottish
İspanya Spain
istasyon station
istemek to want; **bir şey istemek** to want to do something; **... istiyorum** I'd like ...
istepne spare wheel
ıstırap çekmek to suffer
istisnai exceptional
iş work, job
işaret sign; **işaret vermek** signal
işemek to pee
İtalya Italy
itfaiye fire brigade
ittirmek to push
iyi fine, good, well; **çok iyiyim** I'm very well; **en iyi** best; **en iyisi** the best; **iyi akşamlar** good evening; **iyi geceler** goodnight; **iyi günler** good afternoon
iyilik fine, favour; **birisine iyilik yapmak** to do someone a favour
izin vermek to let
izlemek to watch

J

jilet razor blade
jinekolog gynaecologist

K

kayıtlı registered
kabız constipated
kabuklu deniz hayvanı shellfish
kabul etmek to accept
kaburga rib
kaç: kaç para? how much is it?; **kaç tane?** how many?; **kaç kere?** how many times?
kaçırmak to miss; **treni kaçırdık** we missed the train; **iki tane ... eksik** there are two ... missing
kadar until
kadın woman; **kadın çorabı** tights; **kadın mayo** swimsuit
kafa head
kafe café
kağıt paper; **kağıt peçete** paper napkin; **kağıt mendil** paper tissue
kahvaltı breakfast; **kahvaltı etmek** to have breakfast
kahve coffee
kahverengi brown
kalabalık busy; **burası çok kalabalık** it's very crowded here
kalça hip
kaldırmak to remove
kale citadel
kalıntılar ruins; **kalıntılar içinde** in ruins
kalış stay
kalite quality; **iyi/kötü kalite** of good/bad quality

kalkış departure
kalkmak to get up
kalmak to stay; **bağlantıda kalmak** to stay in touch
kalp heart
kalp krizi heart attack
kampa gitmek to go camping
kamp alanı campsite
kampçı camper
kamp ocağı camping stove
kamp yapma camp
kamu tatili public holiday
kamuya ait public
kamyon lorry
kan blood; **kan basıncı** blood pressure
kanal canal
kanamak to bleed
kapak cover
kapalı closed
kapanış saati closing time
kapatmak to shut, to switch off
kapı door; gate
kapı kodu door code
kapora deposit
kar snow
kar yağmak to snow
karakol police station
karanlık dark
karavan caravan
karı wife
karınca ant
karşı across, against
karşısında opposite
kart card
kartpostal postcard
kas muscle
kasap butcher's
kasım November
kask helmet

kaşık spoon
kaşıntılı itchy; **kaşınıyor** it's itchy
katedral cathedral
katlanmak to put up with
kavga fight
kavramak to clutch
kavşak roundabout
kaya rock
kayak kayak; ski; **kayak botu** ski boots; **kayak çubuğu** ski pole; **kayak merkezi** ski resort; **kayak sopası** ski pole; **kayak yapma** skiing; **kayağa çıkmak/gitmek** to go skiing
kaybetmek to lose
kaybolmak to get lost
kaydırak to slide
kayıp eşya bürosu left-luggage (office)
kayıt numarası registration number
kaza accident
kazak jumper
KDV (katma değer vergisi) VAT
kendi own; **kendi arabam** my own car
kendim myself
kendisi himself, herself, itself
kent rehber listings magazine
kesişen cross
kesmek to cut; **kendini kesmek** to cut oneself
kestirmek to have a nap
kestirme yol short cut
kez times; **iki kez** twice
kıravat tie
kırık broken
kırılgan fragile
kırılır fragile
kırılmak to break down

kırmak to break; **bacağını kırmak** to break one's leg
kırmızı ışık red light
kırmızı şarap red wine
kış winter
kısa kollu short-sleeved
kısa uyku nap
kısım part
kıyı coast
kıymık splinter
kız girl; **kız (evlat)** daughter; **kız arkadaş** girlfriend; **kız kardeş** sister
kızarmış fried
kızartmak to fry
kızartma tavası frying pan
kızıl red
kızlık soyadı maiden name
kibrit match
kilise church
kilit lock
kilolu overweight; **bavulum/ valizim fazla kilolu** my luggage is overweight
kim who; **kim arıyor?** who's calling?
kimin whose
kimlik belgeleri identity papers
kimlik kartı identity card
kira rent
kiralamak to hire, to rent
kiralık hire, rental
kirli dirty
kitap book
kitapçı bookshop
koç coach
koca husband
koklamak to smell
kokmak to smell; **güzel/kötü kokmak** to smell good/bad

koku smell
kol arm, sleeve, wrist
kola Coke®
kolay easy
koltuk seat
kompartman compartement
komşu neighbour
konaklama accommodation
konser concert; **konser salonu** concert hall
konserve açacağı can opener
konserve kutusu can
konsolosluk consulate
kontakt contact
kontakt lens contact lenses
kontrol etmek to check
konuşmak to speak, to talk
koymak to put
korkmak to be scared; **-den/-dan korkmak** to be scared of
korkmuş scared
korumak to protect
köprü bridge
kör blind
kötü bad
köy village
kredi kartı credit card
kuaför hairdresser
kulak ear; **kulak pamuğu** cotton bud; **kulak tıkacı** earplug
kullanılıp atılabilir disposable
kullanmak to use
kum sand
kumsal beach
kurşun kalem pencil
kuru dry; **kuru temizlemeci** dry cleaner's
kurutmak to dry
kusmak to vomit
kusur flaw

kutsamak to bless
kuvvetli strong
kuyumcu jeweller's
kuzey north; **kuzeyde** in the north; **kuzeyine dogru kuzeyi** (to the) north of
küçük little, small
külot pants
kül tablası ashtray
küpe earring
kütüphane library

L

lamba lamp
lastik tyre; **yedek lastik** spare tyre
lavabo washbasin
leke stain
lens lens
liman port
lise secondary school
litre litre
lunapark funfair, theme park
lüks luxury
Lüksemburg Luxembourg

M

mabet chapel
maden suyu mineral water
madeni para coin
magazin magazine
mağaza shop; **büyük mağaza** department store; **mağaza elemanı** shop assistant
mağazacı shopkeeper
makas scissors
makul reasonable
mallar goods
malzeme equipment, material

manastır abbey, monastery
manzara scenery, view
mart March
masa table
mavi blue
mayıs May
mazeret excuse
mekanizma works
mektup letter
memnun pleased; **memnun etmek** please; **memnun oldum** pleased to meet you!
memnuniyet pleasure; **memnuniyetle** with pleasure
mendil handkerchief
menü menu
merdiven stairs
merhaba hello
merhem ointment
merkez centre
mesaj message
mesele matter
meslek job, profession
meşgul busy; **çok meşgulüm** I'm very busy
metro underground; **metro hattı** underground line; **metro istasyonu** underground station
mevsim season
meydan square
meyve suyu juice
mezarlık cemetery
mide stomach
miğfer helmet
mikrodalga microwave
mikroplanma infection
misafir guest; **misafir evi** guest house
mopet moped
mor purple

motor engine
motorsiklet motorbike
mücevher jewellery
mum candle
musluk tap
mutfak kitchen; **mutfak havlusu** dish towel
mutlu happy
mükemmel perfect
mümkün possible; **mümkün olduğu kadar çabuk** as soon as possible
müsait available
müze museum
müzik music; **müzik seti** hi-fi

nadir rare
nadiren rarely
nakit cash; **nakit avans kartı** debit card; **nakit ödemek** to pay cash; **nakit para** currency
nasıl how; **nasılsın?** how are you?
nasır blister
naylon torba plastic bag
ne what; **ne istiyorsun?** what do you want?; **ne için?** why; **ne olur ne olmaz** just in case; **ne zaman** when
nefret etmek to hate
nehir river
nemlendirici moisturizer
nemli damp
nere, nerede where; **... nerede?** where is/are ...?; **nerelisin?** where are you from?; **nereye gidiyorsun?** where are you going?

neredeyse almost
nezle flu
nisan April
nişanlı *(adj)* engaged
nişanlı *(n)* fiancé(e)
niyeti olmak to intend to
nokta spot
not note
nöbetçi eczane duty chemist's
numara number

O

o he, she, it
ocak January
oda room
okumak to read, to study; **biyoloji okumak** to study biology
okyanus ocean
olanak opportunity
olası might
olasılıkla probably
oldukça quite; **oldukça çok** quite a lot of
olgun ripe
olmak to be, to happen
omuz shoulder
ona (to) him/her/it
onarmak to repair
onartmak to get something repaired
onaylamak to confirm
onlar them, they
onların their
onlarınki theirs
onu him, her, it
onun his, her, its
onunki his, hers, its
ora there
orada over there

orkestra orchestra
orman forest
orta medium, middle; **orta pişmiş et** medium meat
ortasında in the middle (of)
otel hotel
otobüs bus; **otobüs durağı** bus stop; **otobüs güzergahı** bus route
otogar bus station
otopark car park
otostop hitchhiking
otostop yapmak to hitchhike
otoyol motorway
oturmak to sit down
oturma odası living room
oynamak to play
oyun play, game
oyuncak toy

önceden in advance
önceki former, previous
öncelikle firstly
öncü forward
önemli important
önemsemek to mind
öneri offer
önermek to suggest
önünde in front of
ördek duck
örtmek to cover
örtü cover
örümcek spider
özel private, special
özellik speciality
özgür free
özgüven self-confidence
özür excuse; **özür dilerim** excuse me

#

ödemek to pay
ödemeli telefon görüşmesi reverse-charge call
ödünç almak to borrow
ödünç vermek to lend
öğleden sonra afternoon
öğlen noon; **öğlen yemeği** lunch
öğle yemeği yemek to have lunch
öğrenci student
öğrenmek to learn
öksürmek to cough
öksürüğü olmak to have a cough
öksürük cough
öldürmek to kill
ölmek to die
ölü dead
ön front; **ön cam** windscreen
önce before

#

paha biçmek prize
pahalı expensive
paket packet, parcel; **paket tatil** package holiday
paketlemek to pack
palto askısı coat hanger
pamuk cotton; **pamuk ipi** cotton wool
pantolon trousers
papaz minister
para money; **para değişimi** exchange
parça item, part, piece; **bir parça** a piece of; **parçası olmak** to be a part of
park etmek to park
park yeri parking space
parmak finger

parti party
pasaport passport
paskalya Easter
paso pass
paten rollerblades
patika path
patlak burst; **patlak lastik** flat tyre
patlamak to burst
paylaşmak to share
pazar Sunday
pazartesi Monday
peçete napkin
peki OK
pembe pink; **pembe şarap** rosé
  wine
pencere window; **pencerede** in
  the window
peron platform
perşembe Thursday
petrol istasyonu petrol station
peyzaj landscape
piknik picnic; **piknik yapmak** to
  have a picnic
pil battery
pilastik plastic
pis dirty
pişmiş cooked; **az pişmiş et** rare
  meat
plan plan
polis police, policeman, police
  woman
portakal orange
Portekiz Portugal
Portekizli Portuguese
portre portrait
posta mail; **posta kodu** postcode;
  posta kutusu mailbox
postacı postman
postalamak to post
postane post office

postrestrant poste restante
pratik practical
prezervatif condom
program programme
pudra powder
pul stamp
puro cigar
purpose amaç

R

raket racket
radyatör radiator
radyo radio; **radyo istasyonu**
  radio station
rağmen although
rahat comfortable
rahatsız uncomfortable; **rahatsız
  etmek** to disturb; **rahatsız
  etmeyiniz** do not disturb
randevu appointment; **randevu
  almak** to make an appointment;
  (ile) randevusu olmak to have
  an appointment (with)
rastgele random
reddetmek to refuse
rehber guide; **rehber kitabı** guide
  book
rehberli tur guided tour
rejim diet; **rejim yapmak** to be
  on a diet
renk colour
resepsiyon reception;
  resepsiyonda at reception
resepsiyonist receptionist
resmi tatil public holiday
restoran restaurant
rezalet shame
rezervasyonlu reserved
rıhtım quay

roman novel
romatizma rheumatism
röntgen X-rays
ruh hali mood
rüzgar wind; **rüzgar sörfü** windsurfing

saat watch, o'clock, hour; **saat bir** one o'clock; **saat üç** three o'clock; **bir buçuk saat** an hour and a half; **bir saat için** for an hour
sabah morning
sabun soap
saç hair; **saç kurutma makinesi** hairdryer
sadece just, only; **sadece bir tane** just one
sağ right; **sağına doğru** to the right of
sağır deaf
sağlık health
sahil coast
sahip owner; **sahip olmak** to own
sakal beard
saklamak to keep
saldırmak to attack
salı Tuesday
saman nezlesi hay fever
sanat art; **sanat ürünü** work of art
sanatçı artist
sandalet sandals
sandalye chair
santimetre centimetre
santral switchboard operator
saralı epileptic
saray palace

sarı yellow
satılık for sale
satım sale
satın almak to buy
satmak sell
sayaç meter
sayesinde thanks to
sayfiye countryside, seaside resort
saymak to count
scuba dalışı scuba diving
sebebiyle because of
sefer turn
seks sex
selam! hi!
selobant Sellotape®
sen you
senin your
seninki yours
sergi exhibition
serin chilly, cool
sert hard
sessiz quiet, silent
sevilen: en sevilen favourite
seyahat travel; **seyahat acentesi** travel agency; **seyahat çeki** traveller's cheque
seyrek rare; **seyrek olarak** rarely
seyretmek to watch
sıcak hot; **sıcak çikolata** hot chocolate; **sıcak içecek** hot drink; **sıcak meze** hotplate
sıcaklık heat, temperature
sıfır zero
sık sık often
sıkı tight
sıkışmış stuck
sınır taşı landmark
sıra queue
sıraya girmek to queue
sırt back

sırt çantası backpack, rucksack
sızıntı leak
sigara cigarette; **sigara içmek** to smoke; **sigara içmeyen** non-smoker; **sigara kağıdı** cigarette paper; **sigara tiryakisi** smoker
sigorta fuse, insurance
şikayet etmek to complain
sinagog synagogue
sinek fly
sinema cinema
sinirli nervous
sipiral coil
sirk circus
sivrisinek mosquito
siyah black
-sız without; **arkadaşsız** without a friend
soğuk cold; **soğuk almak** to have a cold
şok shock; **şok edici** shocking
sokak street; **sokağın sonunda** at the end of the street
sokmak to sting; **(tarafından) sokulmak** to get stung (by)
sokuk sting
sol left; **soluna doğru** to the left (of)
son end; **son kullanma tarihi** expiry date
sonra after, then
sonbahar autumn
sonraki: bir sonraki next
sonuncu last
sonunda at the end of; **en sonunda** finally
sormak to ask
soru question; **soru sormak** to ask a question
sorun problem

sos dressing
soyad surname
soymak to peel
soyunma odası changing room
söndürmek to put out
sörfçülük surfing
sörf tahtası surfboard
sörf yapmak surf
söylemek to say
söz vermek to promise
spor sport; **spor sahası** sports ground
sportif sporty
stadyum stadium
su water; **su geçirmez** waterproof; **su geçirmez yer örtüsü** ground sheet; **su ısıtıcısı** water heater; **su kayağı** waterskiing; **su tesisatçısı** plumber
susamak to be thirsty
susamış thirsty
susuzluk thirst
-suz without; **kolsuz** without an arm
sünger sponge
süpermarket supermarket
sürahi jug
süresince during
sürmek to take; **iki saat sürüyor** it takes two hours
sürmek to last
sürpriz surprise; **sürpriz yapmak** to surprise
sütyen bra
süveter sweater
-süz without; **sütsüz** without milk

şamandıra buoy
şampuan shampoo
şans luck
şanslı lucky; **şanslı olmak** to be lucky
şapka hat
şarap wine
şarj charge
şarkı song; **şarkı söylemek** to sing
şarkıcı singer
şehir town, city; **şehir merkezi** town centre
şeker sugar, sweet; **şeker hastalığı** diabetes
şemsiye umbrella
şerefe cheers
şey thing; **şeyler** things
şifre PIN (number)
şikayet etmek complain
şimdi now, at the moment; **şimdi geldim** I've just arrived
şimdilerde nowadays
sirket company
şiş swollen
şişe bottle; **şişe açaçağı** bottle opener
şişman fat
şort shorts
şu that; **şu anda** at the moment
şubat February
şunlar those; **şunları** those ones
şunu that one
şuradaki that one
şurup syrup
şuurunu kaybetmek blackout

tabak plate
taban floor
tabii of course
tablo painting
tahta wood
takım team
taksi taxi
taksici taxi driver
tam bilet full fare
tam gaz at full speed
tam pansiyon full board
tam ücreti full price
tamam OK
tamir etmek to repair; **tamir ettirmek** to get something repaired
tamir servisi breakdown service
tampon bumper, tampon
tanımak to recognize
tapınak temple
tarak comb
tarif recipe
tarife timetable
tarih date
tarihi geçmiş out of date
tarz style
tas bowl
taş stone
taşımak to carry
taşra countryside
tat taste, flavour
tatil holiday; **tatil köyü** holiday camp
tatilde on holiday
tatlı (adj) sweet
tatlı (n) dessert
tatlı su still water
tatmak to taste

tavsiye advice; **tavsiye etmek** to suggest; **tavsiye istemek** to ask for advice; **tavsiye vermek** to advise

tecavüz rape

tehlikeli dangerous

tekerlek wheel

tekerlekli sandalye wheelchair

teklif offer; **teklif etmek** to propose, to recommend

tekrar again

tekrarlamak to repeat

tek yön bilet single (ticket)

telefon phone; **telefon etmek** to phone; **telefon görüşmesi** phone call; **telefon kartı** phonecard; **telefon kulübesi** phone box; **telefon numarası** phone number; **telefon rehberi** directory

telefonla aramak to make a phone call

telesekreter answering machine

telesiyej chairlift, ski lift

televizyon television

temiz clean

temizlemek to clean

temmuz July

tencere pot, saucepan

tenis tennis; **tenis ayakkabısı** tennis shoe; **tenis kortu** tennis court

tepe hill; **tepe yürüyüşü** hill-walking; **tepe yürüyüşüne çıkmak/gitmek** to go hill-walking

teras terrace

terbiye dressing

tercihen rather

tercih etmek to prefer

tercüme to translate

terlemek to sweat

terminal terminal

termometre thermometer

termos flask

tesadüfi at random

teşekkür etmek to thank

teşekkür ederim thank you; **çok teşekkür ederim** thank you very much

teşekkürler thanks

teyp personal stereo

tıka basa dolu packed

tıraş bıçağı razor

tıraş etmek to shave

tıraş köpüğü shaving foam

tıraş kremi shaving cream

tıraş olmak to shave

tırnak nail

tipik typical

tirbüşon corkscrew

tiyatro theatre

tokyo flip-flops

top scoop; **bir/iki top** one/two scoop(s)

toplamak to collect

toplantı meeting

tören alayı procession

trafiğe kapalı sokak/yol pedestrianized street

trafik traffic; **trafik sıkışıklığı/ tıkanıklığı** traffic jam

tramvay tram

tren train; **Ankara'ya giden tren** the train to Ankara; **tren istasyonu** train station

trotinet scooter

tuhaf strange

tükenmek to run out; **ekmeği tükenmek** to have run out of bread

tükenmez kalem pen
tül gauze
tülbent gauze
tüm lot
tüp gaz gas cylinder
tür kind, type; **ne tür …?** what kind of …?
tütün tobacco
tütüncü tobacconist's
turist tourist; **turist tuzağı** tourist trap
turizm bürosu tourist office
turta pie
tutmak hold
tuvalet toilet; **tuvalet torbası** toilet bag; **tuvalet kağıdı** toilet paper; **tuvalet takımı** toiletries
tuz salt
tuzlanmış salted
tuzlu salted, salty

ucuz cheap
uç point
uçak aeroplane; **uçak postası** airmail; **uçak yorgunluğu** jetlag
uçmak to fly
uçurum cliff
uçuş flight
U dönüşü U-turn
ulaşmak to reach
ulusal tatil national holiday
uluslararası international; **uluslararası para havalesi** international money order
utanç shame
utangaç shy
uyanmak to wake up

uyarmak to warn
uygun reasonable
uyku sleep; **uyku hapı** sleeping pill; **uyku tulumu** sleeping bag
uykulu sleepy
uykusu olmak to be sleepy
uykusuzluk insomnia
uyluk thigh
uymak to suit; **sana uyar mı?** does that suit you?
uyumak to sleep
uyuşturucu drugs
uyuyakalmak to fall asleep
uzak away, far
uzun long, tall; **uzun zaman** a long time

ülke country
ünlü well-known
ürkek nervous
ürün product
üst top; **üstte** at the top
ütü iron; **ütü yapmak** to iron
üye member
üzerinde above, over
üzgün sad, upset; **üzgün olmak** sorry

vadi valley
vahşi wild
valiz luggage, suitcase
vana stopcock
var there is, there are
varış arrival
varmak to arrive, to reach
ve and

vejeteryen vegetarian
ventilator fan
vergi tax
vermek to give
vestiyer cloakroom
veya or
villa villa
viski scotch, whisky
vites kutusu gearbox
vize visa
voleybol volleyball
volkmen Walkman®
vuruk bump
vücut body

WY

web sitesi website

yabanarısı wasp
yabancı *(adj)* foreign
yabancı *(n)* foreigner
ya da or
yağ oil; **az yağlı** low-fat
yağmur rain; **yağmur yağmak** to rain; **yağmur yağıyor** it's raining
yağmurluk raincoat
yakalamak to catch
yakında soon, near; **kumsala yakın** near the beach; **en yakın ...** the nearest ...
yakmak to burn; **kendini yakmak** to burn oneself
yakmak to light
yalnızca only
yan side
yangın! fire!
yanık burn
yanında next to

yanısıra as well as
yanıt answer
yanıt vermek to answer
yanlış mistake, wrong; **yanlış yapmak** to make a mistake
yapmak to do, to make; **yapmak üzere** to be about to do
yara bantı Elastoplast®, sticking plaster
yara wound
yaralı injured
yarar use
yararlı useful
yararsız useless
yardım help
yardım etmek to help; **yardım istemek** to call for help
yarım half; **yarım litre/kilo** half a litre/kilo; **yarım saat** half an hour; **yarım pansiyon** half board
yarın tomorrow; **yarın akşam** tomorrow evening; **yarın sabah** tomorrow morning
yarından sonra the day after tomorrow
yasak forbidden
yastık pillow; **yastık kılıfı** pillowcase
yaş age
yaşam life
yaşlı old; **yaşlı insanlar** old people
yatak bed, mattress
yat limanı marina
yavaş slow; **yavaş koşu** jogging
yavaş yavaş slowly
yaya pedestrian
yaz summer
yazık pity; **ne yazık** it's a pity

yazmak to write
yelken sail
yelkencilik sailing; **yelkene çıkmak** to go sailing
yemeği yapmak to do the cooking
yemek (v) to eat
yemek (n) food, meal; **yemek kaşığı** tablespoon; **yemek pişirme** cooking
yeni new; **yeni başlayan** beginner; **yeni yıl** New Year
yer floor, ground, place, seat; **yer ayırtmak** to reserve
yerde on the ground, on the floor
yerel zaman local time
yerine instead
yeryüzü earth
yeşil green
yeter enough; **bu yeterli** that's enough
yıkama wash
yıkamak to wash; **saçını yıkamak** to wash one's hair
yıkanmak to have a wash
yıl year
yılbaşı New Year
yıldönüm anniversary
yoksa otherwise
yol road, way; **yol işareti** road sign; **yol parası** fare
yolcu passenger
yolculuk journey
yoluyla by
yorgun tired, exhausted
yormak to exhaust
yön course, direction; **yön duyusu kuvvetli olmak** to have a good sense of direction; **yön vermek** direct

yönetici manager
yönetmek to direct, to manage
yukarıda upstairs
Yunan Greek (adj)
Yunanistan Greece
Yunanlı Greek (n)
yurtdışı abroad
yuvarlak round
yüksek high; **yüksek dalga** high tide; **yüksek tansiyon** high blood pressure
yüksek sesli loud
yün wool
yürümek to walk
yürüyüş walk, walking; **yürüyüşe çıkmak** to go for a walk
yürüyüş botları walking boots
yüz face; **yüz havlusu** facecloth
yüzde percent
yüzden: bu yüzden so, therefore
yüzme swim, swimming; **yüzme havuzu** swimming pool
yüzmek to swim
yüzmeye gitmek to go for a swim
yüzünden because of
yüzyıl century

Z

zaman time; **zaman zaman** from time to time; **ne kadar zaman …?** how long …?
zaman farkı time difference
zamanında on time
zarar görmüş damaged
zarf envelope
zaten already
zayıf thin, weak

zemin kat ground floor
zevk pleasure; **zevkle** with pleasure
zıt opposite
zirve summit
ziyaret visit
ziyaret etmek to visit

zor difficult
zorluk trouble; **birşeyi yapmakta zorlanmak** to have trouble doing something
zorunlu must; **gitmek zorundayım** I must go
zum zoom (lens)

GRAMMAR

Articles, adjectives and nouns

In general, articles are not used in Turkish. For example,

ev = a/the house

However, "a" or "an" can be represented by **bir**, for example

bir ev = a house

Adjectives always come before the noun. For example,

güzel ev = a good/beautiful house

If **bir** is used, the adjective comes *before* **bir**, for example

güzel bir ev = a good/beautiful house

Plurals are indicated by **-lar** or **-ler**. For example,

çocuk (child) → **çocuklar** (children)
çiçek (flower) → **çiçekler** (flowers)

Noun suffixes

Turkish is what is called an "agglutinative" language, that is, it functions by means of successive additions of **suffixes** – endings which are added to the root of a noun or verb. This can result in some very long words! Here is an example:

arkadaş	arkadaşlar	arkadaşlarım	arkadaşlarımla
friend	friends	my friends	with my friends

Suffixes are either "two-form" or "four-form", following rules of vowel harmony. That is, they each either have two forms or four forms when harmonizing with the preceding vowel in the word.

For example, **-lar/-ler** is a two-form suffix. If the last vowel in a word is **e**, **i**, **ö** or **ü**, then **-ler** is added to make a plural. If the last vowel is **a**, **ı**, **o** or **u**, then **-lar** is added. For example,

Last vowel	Plural suffix				
[e, i, ö, ü]	-ler	**evler** (houses)	**ziller** (bells)	**gözler** (eyes)	**güller** (roses)
[a, ı, o, u]	-lar	**hamamlar** (bathhouses)	**kızlar** (daughters)	**horozlar** (roosters)	**okullar** (schools)

Here are some of the most common and useful two-form suffixes which can be added to nouns:

		[Last vowel e, i, ö, ü] **ev** house/home	[Last vowel a, ı, o, u] **hamam** bathhouse
plural suffix	-ler/-lar	**evler** houses	**hamamlar** bathhouses
in/at/on …	-de/-da	**evde** at home	**hamamda** in the bathhouse
to …	-e/-a*	**eve** to the house	**hamama** to the bathhouse
from …	-den/-dan	**evden** from home	**hamamdan** from the bathhouse
with …	-le/-la	**evle** with the house	**hamamla** with the bathhouse
their …	-leri /-ları	**evleri** their house	**hamamları** their bathhouse

* When a noun ends in a vowel, -e/-a is preceded with **y**. For example, **bahçeye** (to the garden), **Ankara'ya** (to Ankara).

Four-form suffixes are more complicated, but they are also quite regular. For example, -( )m, meaning "my", is a four-form suffix. Within the brackets here, one of *four* vowels can occur – ı, **u**, **i** or **ü** – depending on the preceding vowel:

Last vowel	Suffix for "my"		
a or ı	-ım	**hamamım** my bathhouse	**kızım** my daughter
o or u	-um	**horozum** my rooster	**okulum** my school
e or i	-im	**evim** my house	**zilim** my bell
ö or ü	-üm	**gözüm** my eye	**gülüm** my rose

If the word ends in a vowel, however, just -m is added. For example:
   baba → **babam** my father

Here are some of the most common and useful four-form suffixes which can be added to nouns:

		[Last vowel a, ı]	[Last vowel o, u]	[Last vowel e, i]	[Last vowel ö, ü]
		hamam (bathhouse)	horoz (rooster)	ev (house)	göz (eye)
my ...	-( )m	hamamım	horozum	evim	gözüm
your *(familiar)*	-( )n	hamamın	horozun	evin	gözün
...					
his/her/its ...	-( )*	hamamı	horozu	evi	gözü
our ...	-( )m( )z	hamamımız	horozumuz	evimiz	gözümüz
your ...	-( )n( )z*	hamamınız	horozunuz	eviniz	gözünüz
with ...	-l( )	hamamlı	horozlu	evli	gözlü
without ...	-s( )z	hamamsız	horozsuz	evsiz	gözsüz
accusative suffix	-( )*	hamamı	horozu	evi	gözü
** genitive suffix	-( )n**	hamamın	horozun	evin	gözün

* Usually, when a noun ends in a vowel, his/her/its = -s( ); your = -n( ); accusative = -y( ); genitive = -n( )n. For example, baba → babası (his father); babanız (your father); babayı (father (accusative)); babanın (father's (genitive)).

** To say "X's Y", "Y belonging to X", and so on, use the genitive suffix and the suffix for "his/her/its" in the following way:
X + genitive suffix + Y + suffix for "his/her/its". For example,

    horozun evi (the rooster's house)
    otelin hamamı (the hotel's bathhouse)
    babanın babası (father's father)

Word order
The order of parts in a sentence is generally **subject** + **complement** + **verb**. For example:
    Mehmet lives in Adana
    Mehmet Adana'da oturuyor
    = **Mehmet** (subject) + **Adana** (complement) + suffix for "in" (**da**) + **otur** (live) + present-tense suffix (**-uyor**)

my brother likes football
kardeşim futbolu seviyor
= **kardeş** (brother = subject) + suffix for "my" (**-im**) + **futbol** (football = complement) + accusative suffix (**-u**) + like (**sev** ...) + present-tense suffix (**-iyor**)

The accusative suffix is used to mark the object in a sentence, as with **futbolu** in the second example above.

When using adjectives for comparison, use the two-form suffix **-den/-dan** (from, or, in this case, "than"), followed by **daha** (more), then the adjective. There's no need to use a word for "is". For example,

   Ali, Ender'den daha mutlu.
   Ali is happier than Ender.

Correspondingly, "less than" is **-den/-dan az** (less). For example,

   Ender, Ali'den az mutlu.
   Ender is less happy than Ali

The superlative of adjectives (most...) is formed with "**en**". For example,

   Ali, en mutlu.
   Ali is the happiest.

Personal pronouns and suffixes
Here is a list of personal pronouns, and an indication of how to say "am", "are", "is" etc + adjective simply by means of suffixes:

	subject pronoun*	person suffix**		
I	ben	-( )m	**güzelim** I'm pretty	**güzel değilim** I'm not pretty
you (familiar)	sen	-s( )n	**güzelsin** you're pretty	**güzel değilsin** you aren't pretty
he/she/it	o	***	**güzel** she's pretty	**güzel değil** she isn't pretty
we	biz	-( )z	**güzeliz** we're pretty	**güzel değiliz** we aren't pretty
you	siz	-s( )n( )z	**güzelsiniz** you're pretty	**güzel değilsiniz** you aren't pretty

	subject pronoun*	person suffix**		
they	onlar	-ler/-lar	güzeller they're pretty	güzel değiller they aren't pretty

* As in Spanish, Italian, etc it is usually unnecessary to use a personal pronoun in subject position in the sentence, as the person is understood from which suffix is being used. For example,

    güzelsin you're pretty

But personal pronouns can be used for emphasis, for example:

    sen, güzelsin *you're* pretty (and not me/her/them)

** All of these suffixes are four-form (see Noun Suffixes), apart from **-ler/-lar**.

*** Usually no suffix is necessary for the third person, although in formal speech or writing you may come across the suffix **-d( )r**, for example **güzeldir** she's pretty

Verb suffixes

We have seen how suffixes are added to nouns and adjectives to change their meaning and function in the sentence. Now we shall explore some common and useful verb suffixes.

Firstly, note that the infinitive ("to") form of a verb involves the addition of the two-form suffix **-mek/-mak** to the verb stem. For example,

    gelmek to come (verb stem: **gel** …)
    yapmak to make (verb stem: **yap** …)

Present, past and future tenses are indicated by the addition of different suffixes to the verb stem:

	Time suffix	
present	-( )yor-	**geliyor** he comes/is coming
past	-d( )-	**geldi** he came
future	-ecek-/-acak-	**gelecek** he will come

The present- and past-tense suffixes are four-form, and the future suffix is two-form.

Note also that verbs are marked for person, with similar endings as for adjectives (see above):

	Person suffix	affirmative form	negative form	question form
I	-( )m	**geliyorum** I'm coming	**gelmiyorum** I'm not coming	**geliyor muyum**? am I coming?
you (familiar)	-s( )n	**geliyorsun** you're coming	**gelmiyorsun** you aren't coming	**geliyor musun**? are you coming?
he/she/it	[none]	**geliyor** he's coming	**gelmiyor** he isn't coming	**geliyor mu**? is he coming
we	-( )z	**geliyoruz** we're coming	**gelmiyoruz** we aren't coming	**geliyor muyuz**? are we coming?
you	-s( )n( )z	**geliyorsunuz** you're coming	**gelmiyorsunuz** you aren't coming	**geliyor musunuz**? are you coming?
they	-ler/-lar	**geliyorlar** they're coming	**gelmiyorlar** they aren't coming	**geliyorlar mı**? are they coming?

Note that the negative form of a verb involves use of the negative suffix -m( )-. This suffix comes immediately after the verb stem, before the tense and person suffixes.

Questions are formed through the use of -m( ) followed by the relevant person suffix. The only exception to this rule is the third person plural suffix -ler/lar, which stays with the verb stem instead of following the question suffix m( ).

"there is", "there are" and "to have"

To say "there is ..." or "there are ...", use ... **var** and for "there isn't/aren't ...", use ... **yok**.

> **oda var** there is a room
> **odada duş yok** there isn't a shower in the room

To say "have/has got" and "haven't/hasn't got", you should also use **var** and **yok** respectively. In this case, the relevant possessive suffix is added to the preceding noun (see Noun suffixes).

> **bozuk para var/yok** there is some/isn't any small change
> **bozuk param var/yok** I've got some/I haven't any small change

To form questions with **var** and **yok**, add **mı** and **mu** respectively.

> **oda var mı?** is there a room?
> **odada duş yok mu?** isn't there a shower in the room?

paran var mı? have you got any money?

bozuk paran yok mu? haven't you got any small change?

Vowel harmony: final remarks

Finally, here are some special rules of sound change which apply to two-form and four-form suffixes equally, whether they are suffixes for nouns, adjectives or verbs.

When one adds a suffix beginning with a vowel to a word which ends with **ç**, **k**, **p** or **t**, these consonants are softened, as in:

ağaç tree	→ ağacım my tree	[ç → c]
çocuk child	→ çoçuğum my child	[k → ğ]
kitap book	→ kitabım my book	[p → b]
dert sorrow	→ derdim my sorrow	[t → d]

If a suffix begins with **d** (for example -de/-da; -den/-dan; past-tense suffix -d( )-), this changes to **t** after **ç**, **f**, **h**, **k**, **p**, **s**, **ş** and **t**. For example,

İstanbul'da in Istanbul

but Paris'te in Paris

HOLIDAYS AND FESTIVALS

NATIONAL HOLIDAYS

The weekly closing day is Sunday for shops, businesses, schools, government offices and so on. On national holidays, a list of which appears below, shops and businesses do not normally close.

1 January	**Yılbaşı** (New Year's Day).
23 April	**Ulusal Egemenlik ve Çocuk Bayramı** (National Sovereignty and Children's Day). This day commemorates the opening of the National Assembly in 1920 in Ankara; after independence in 1923, Ataturk also designated this day "Children's Day". The day is celebrated with ceremonies and parades; children from abroad stay as guests of Turkish families during a week of celebrations and cultural events aimed at children.
19 May	**Gençlik ve Spor Bayramı** (Festival of Youth and Sports).
30 August	**Zafer Bayramı** (Victory Day, celebrating the liberation of Izmir in 1922, which led to Turkey becoming an independent republic).
29 October	**Cumhuriyet Bayramı** (Republic Day).

The two most important religious festivals are **Şeker Bayramı** and **Kurban Bayramı**, and these affect the operation of shops, businesses, schools and government offices significantly.

The Sugar Festival (**Şeker Bayramı**) marks the end of Ramadan (**Ramazan**), the Islamic month of fasting, and lasts three days. Many residents of big cities go on holiday and restaurants are often closed. The exact dates vary each year, according to the lunar calendar. Economic life is also somewhat disrupted during Ramadan itself. Some restaurants close during the day, opening again at **İftar** (nightfall, when the fast may be broken) but closing early for the night.

The Sacrifice Festival (**Kurban Bayramı**) is the main religious festival, during which sheep are sacrificed. It comes around two months after the Sugar Festival, and lasts four days; however, schools and businesses may be closed for a full week. Again, many residents of large cities go on holiday and restaurants are often closed.

Be aware that buses and planes are extremely crowded during these two festivals.

FESTIVALS AND CELEBRATIONS

Several international festivals are held annually in Istanbul and other major cities. Here are just a few of them:

second fortnight in April	Istanbul International Film Festival (some 200 films are shown in the cinemas of the Beyoğlu district)
end of May – beginning of June	Istanbul International Theatre Festival (in around 10 theatres near Taksim Square)
beginning of June – beginning of July	Istanbul International Music Festival (hundreds of participants, mainly from Europe)
first fortnight in June	Istanbul International Mystic Music Festival (Taksim and Harbiye)
July	Istanbul International Jazz Festival (in several halls near Taksim and Harbiye)
mid-August – mid-September	Izmir International Fair

USEFUL ADDRESSES

In the UK:
Turkish Culture and Tourism Office (London)
4th Floor, 29-30 St James's Street, London SW1A 1HB
Tel: 020 7839 7778
E-mail: info@gototurkey.co.uk
Web: www.gototurkey.co.uk

In the USA:
Turkish Culture and Tourism Office (Los Angeles)
5055 Willshire Boulevard Suite 850, Los Angeles, CA 90036
Tel: (323) 937-8066
E-mail: la@tourismturkey.org
Web: www.tourismturkey.org

Turkish Culture and Tourism Office (New York)
821 United Nations Plaza, New York, NY 10017
Tel: (212) 687-2194
E-mail: ny@tourimsturkey.org
Web: www.tourismturkey.org

Turkish Culture and Tourism Office (Washington, DC)
2525 Massachusetts Ave., Washington, DC 20008
Tel: (202) 612-6800
E-mail: dc@tourismturkey.org
Web: www.tourismturkey.org

In Turkey:
Australian Embassy (Ankara)
Ugur Mumcu Caddesi No 88 7th floor, Gaziosmanpasa 06700, Ankara
Tel: 0312 459 9500
Email: info@embaustralia.org.tr
Web: www.embaustralia.org.tr

British Embassy (Ankara)
Sehit Ersan Caddesi 46/A, Cankaya, Ankara
Tel: 0312 455 3344
Web: www.britishembassy.org.tr

British Consulate-General (Istanbul)
Mesrutiyet Caddesi No 34, Tepebasi Beyoglu 34435, Istanbul
Tel: 0212 334 6400

British Consulate (Izmir)
1442 Sokak No 49, PK 300 35220 Alsancak, Izmir
Tel: 0232 463 5151

There is also a British Vice-Consulate in Antalya (Tel: 0242 244 5313), and there are British Honorary Consulates in Bodrum (Tel: 0252 319 0093), Bursa (Tel: 0224 220 0436) and Marmaris (Tel: 0252 412 6486).

US Embassy (Ankara)
110 Atatürk Blvd., Kavaklıdere, 06100 Ankara
Tel: 0312 455 5555
E-mail: ozbagd@state.gov
Web: http://ankara.usembassy.gov/

US Consulate General (Istanbul)
Kaplıcalar Mevkii Sokak No 2, İstinye 34460
Tel: 0212 335 9000

US Consulate (Adana)
Girne Bulvari No: 212, Yuregir, Adana
Tel: 0322 346 6262

There is also a US Consular Agent in Izmir (Tel: 0232 464 8755).

In case of emergency:

British Embassy (Ankara)
0312 455 3344

US Embassy (Ankara)
0312 455 5555

Operator: 118
Police: 155
Fire brigade: 110
Ambulance: 112

CONVERSION TABLES

Note that when writing numbers, Turkish often uses a comma where English uses a full stop. For example 0.6 would be written 0,6 in Tiurkish.

MEASUREMENTS
Only the metric system is used in Turkey.

Length
1 cm ≈ 0.4 inches
30 cm ≈ 1 foot

Distance
1 metre ≈ 1 yard
1 km ≈ 0.6 miles

To convert kilometres into miles, divide by 8 and then multiply by 5.

kilometres	1	2	5	10	20	100
miles	0.6	1.25	3.1	6.25	12.50	62.50

To convert miles into kilometres, divide by 5 and then multiply by 8.

miles	1	2	5	10	20	100
kilometres	1.6	3.2	8	16	32	160

Weight
25g ≈ 1 oz   1 kg ≈ 2 lb   6 kg ≈ 1 stone

To convert kilos into pounds, divide by 5 and then multiply by 11.
To convert pounds into kilos, multiply by 5 and then divide by 11.

kilos	1	2	10	20	60	80
pounds	2.2	4.4	22	44	132	176

Liquid
1 litre ≈ 2 pints
4.5 litres ≈ 1 gallon

Temperature

To convert temperatures in Fahrenheit into Celsius, subtract 32, multiply by 5 and then divide by 9.
To convert temperatures in Celsius into Fahrenheit, divide by 5, multiply by 9 and then add 32.

Fahrenheit (°F)	32	40	50	59	68	86	100
Celsius (°C)	0	4	10	15	20	30	38

Clothes sizes

Sometimes you will find sizes given using the English-language abbreviations **XS** (Extra Small), **S** (Small), **M** (Medium), **L** (Large) and **XL** (Extra Large).

• Women's clothes

Europe	36	38	40	42	44	etc
UK	8	10	12	14	16	

• Bras (cup sizes are the same)

Europe	70	75	80	85	90	etc
UK	32	34	36	38	40	

• Men's shirts (collar size)

Europe	36	38	41	43	etc
UK	14	15	16	17	

• Men's clothes

Europe	40	42	44	46	48	50	etc
UK	30	32	34	36	38	40	

Shoe sizes

• Women's shoes

Europe	37	38	39	40	42	etc
UK	4	5	6	7	8	

• Men's shoes

Europe	40	42	43	44	46	etc
UK	7	8	9	10	11	